跟著大師學塔羅宮廷牌

宮廷人物深度導航・
開啟塔羅多重視野

Mary K. Greer & Tom Little

UNDERSTANDING THE TAROT COURT

瑪莉·K·格瑞爾、湯姆·利德——著

推薦短語

這是熱愛整體療癒的人必備的案頭經典！人格類型、體質分類等理論，向來在自然療法中佔據重要地位，身心療癒的本質乃「認識自己」，不快樂的根源，往往來自無法「理解他人」，而這本書正是最好的解藥。用貼身側寫，剖析個人生命史如何塑造出不同的心靈，以宏觀眼光，展現眾多心靈之間如何交會，彼此激盪火花，大師筆法之精彩細膩令人讚嘆。

——塔羅研究者、芳療天后／Gina 許怡蘭

初學塔羅時，最感到困惑的就是宮廷牌組。每一本塔羅書都略略談及宮廷牌組的意思，卻總是很難深入理解，解牌時經常令人感到徬徨。這本書會帶著你從各個角度去理解宮廷牌組，使你迷霧全散，恍然大悟。雖然這本書的英文版第一版出版距今已經過了將近二十年，書中的解說、牌義、解讀方式，依舊是學習塔羅牌時重要的參考。

——巫婆的鍋子粉專版主／Jade

宮廷牌試圖讓我們理解我們所接觸的人，及我們內在有哪些部分與宮廷牌有相互呼應，這

本書用很精確且親民的方式介紹宮廷牌，讓我們更深入瞭解宮廷牌與我們個人特質的連結，進而運用在占卜中及日常生活的覺察之中。

——資深塔羅牌占卜心理師／于玥

這本書對宮廷牌進行多角度切入、分析與想像，讓宮廷牌不只是圖像裡的人物，而成為生活在我們身邊的角色。深入閱讀，不只幫助塔羅學習者解牌，也會對人格特質與行為有更深入的見解與洞察。

——輔仁大學宗教系博士研究、斜槓塔羅 Podcast 主持人／王乙甯

塔羅占卜的學習過程中，我們可能會忽略或是簡化宮廷牌的象徵。其實，宮廷角色除了對應現實世界的人物之外，還有更深層的心理意義。本書從輕鬆的操作方法開始介紹，循序漸進導入相關知識，幫助讀者卸下既定印象，感受宮廷角色飽滿的生命力。

——塔羅藝術工作者／玄享

塔羅界泰斗瑪莉·K·格瑞爾所著的《跟著大師學塔羅宮廷牌》，獲得最高五星級的評價。塔羅牌中的國王、王后、騎士和侍衛四位到底是誰？實際上代表了我們不同的人格面具，與榮格原型相匹配。每張單獨的宮廷塔羅牌，都以豐富的細節說明了人類體驗的品質，既是個人的又是超越的。

——榮格學派塔羅師／吳安蘭

總看不懂塔羅中的宮廷人物，到底是你、我、他／她，還是事件呈現的樣貌？宮廷人物間的關係撲朔迷離，搞不清楚階級分別與友好程度，就無法抽絲剝繭，理清關係課題的脈絡與章法。《跟著大師學塔羅宮廷牌》，理解各種品質的人性，也遇見各種面向的自己。

——Alisa 的豐饒角：用塔羅寫日記／孫正欣

推薦序

連結不同學科，成為塔羅專家的關鍵之書

宮廷牌最權威性的著作終於上市！

本書是當代塔羅大師瑪莉·K·格瑞爾奠定其地位的經典名作之一（另一本為《跟著大師學塔羅逆位牌》，亦由楓樹林出版）。無庸置疑，宮廷牌專論是進階型的作品，適用於在宮廷牌卡關的學習者，以及想要藉由宮廷牌連結其他學科的塔羅專家。

宮廷牌與不同學科的連結

之所以說宮廷牌可以連結其他學科，首先是因為宮廷牌本身就對應著時間。四張侍衛牌（或公主牌）對應季節，其餘的牌每張對應三旬（decans）或三十度，十二張牌剛好是周天三百六十度。藉由此法，塔羅與占星學產生了聯繫。

其次，國王、王后、騎士與侍者（公主）二陰二陽，也分別對應生命樹上的四個位置，分別是侯克瑪、庇納、悌孚瑞特與瑪互特，正好是上下左右四個方位，形成了完美的平衡。塔羅與卡巴拉因此建立了連結。

此外，尤其值得注意的，還有宮廷牌的元素對應。四種花色（權杖、聖杯、寶劍、錢幣）對應四大元素，兩兩交疊之下，構成世間十六種人。在一開始，這十六張牌是作為指示牌使用，是一種樸素的族群分類。但隨著心理學的發展，對人格分類的需求也大幅提昇。類型論者或者透過理論，或者透過統計測驗的研究，紛紛提出了不同的分類方式。

當中最令人感到驚奇的，是卡特爾人格特質論及ＭＢＴＩ測驗。前者是第一個透過因素分析法（寫過論文的讀者朋友一定知道這個方法有多複雜）來建構人格理論的心理學家，他藉由此法找到了十六種根源特質，編制出「十六種人格因素量表」（簡稱16 PF）。而ＭＢＴＩ則是由邁爾斯—布里格斯母女在榮格理論上結合個人的發明所編制而成的量表，同樣將人分成十六種類型。恰與宮廷牌的數量不謀而合。

由此可知，宮廷牌是塔羅之所以能與不同學科展開對話的橋樑。

十六的原型意義

那麼，新的問題來了？為什麼是十六？這是我們第一個要思考的問題。十六是某種原型的數字嗎？何以出現了這樣的巧合？

瑞士心理學家榮格對數字的研究首屈一指。他不曾談過十六，但他相當看重數字四。

數字四定位了我們的方向，也定位了心靈的方向，上下左右、東西南北、春夏秋冬、生老病死，它們無不是以四來定向方位與時間的。將圓化成方，是人能在蒼茫大地與太古洪荒裡找尋到自我的方式。而「方」就是數字四。

將火水風土四元素兩兩配對後，我們得出了十六種組合，這是將基本形式化為複雜形式的方法之一。因此宮廷人物才會有火中之火、水中之風、土中之水等這樣的元素配置。這種方法並不是塔羅牌的專利，《易經》將八卦彼此配對，得出八八六十四卦，占星學模擬黃道十二宮再製出對應人間不同領域的後天十二宮，兩兩配對後同樣可得出一百四十四種基本的命盤（12×12）。

之所以如此，是因為世間事變化萬端，世間人彼此互異，單憑基本形式，無法解決實際問題。而塔羅占卜就是為了解決實際問題而存在的學科。因此宮廷牌與十六種人格因素量表、MBTI不約而同地得出了十六這樣的數字，冥冥中或許正反映了四所代表的基本形式與十六所代表的變化形式。

人格類型：宮廷牌的分類觀點

但你知道嗎？雖然MBTI具有高知名度，但它在理論上並不完備，因為邁爾斯—

布里格斯母女所提出的新向度，亦即「判斷與感知」其實未受普遍認可。這是我們在使用MBTI時要牢記的。學習者應持續努力，來思考宮廷人物是否還有更好的分類法，並藉由與其他學科的交流來充實宮廷牌的內涵。

為免有打高空之嫌，此處拋磚引玉，試舉一例跟讀者朋友分享。

事實上，榮格在提出「心理功能」的概念時，就曾明確指出，思維與情感、感官與直覺這四種心理功能只是為了定位，真實世界並非每個人都純粹地屬於特定某一種。當中也存在著相鄰的兩種功能彼此混合的現象，因此總共有八種類型。這八種類型加上「內傾與外傾」兩種不同的心理態度後，就會得出十六種類型的人。

你瞧見了沒？又是十六。但這個領域我目前還未見有人深入探討，遑論與宮廷牌相結合。希望日後有機會能再為讀者專文探討。換言之，關於宮廷牌我們其實還有許多研究工作可做，還有許多有趣的聯想可玩。

在我任教的課堂裡，每年塔羅考試我必考一題申論：「你覺得自己最像宮廷牌裡的哪個人物？哪個人物的特質又是你最陌生的？為什麼？請各舉一例說明。」

照見自我：宮廷牌的整合觀點

我想說的是，宮廷牌是一面鏡子。我們每個人都可以從宮廷人物裡看見自己最熟悉與最陌生的面向。塔羅牌正是具備這樣的功能，才成為大眾的流行，成為我們親近自我、追求整合的工具。這個觀點如瑞秋．波拉克在本書英文版前言裡頭說的，乃是心理學完形學派的貢獻。

事實上，許多心理學家都反對將人做分類，而是認為人係由不同特質組合而成。易言之，我們並非權杖國王或寶劍王后（或其他單一的卡牌與人格），相反地，他們全都是我的一部分。

分類當然有其實際效用，但人是完整的人，也會在面對不同情境時表現出不同的模樣。就此而言，宮廷牌又起到了提醒我們靈活變化、彈性展現內在相異特質的作用。

因此，宮廷牌作為一面鏡子，它的特別處就很突顯了。它在塔羅牌中扮演著極核心的角色。有別於大牌指涉象徵的原型性，數字牌指涉事件的具體性，宮廷牌所指涉的常常是我們的人格面具以及處事方針。要記住，人格面具沒有對錯，但它太僵化或老舊的時候，就到了更新和重新培育的階段了。

本書是宮廷牌的聖經版，書中還有許多豐富的資訊等你來發掘。你會發現，瑪莉・K・格瑞爾的大師稱號絕非浪得虛名。考驗一個人是否為合格專業的塔羅占卜師，往往就看他對宮廷牌掌握的深度到哪裡。漏讀這本書，必將成為你走向塔羅專家之路最大的遺憾！

——諮商心理師／鐘穎

序——瑞秋・波拉克 (Rachel Pollack)

如果你擔任塔羅牌教學工作，並在課堂或工作坊上問學生有無問題，通常有兩個問題詢問度最高。第一個是：「如何解讀逆位牌？」第二個是：「如何解讀宮廷牌？」關於第一個問題，瑪莉・格瑞爾已經用她的著作《跟著大師學塔羅宮廷牌》（Complete Book of Tarot Reversals）幫我們解決了，現在，她和湯姆・利德就像真人塔羅騎士，騎著馬前來帶領我們穿越這趟奇妙的宮廷牌解讀冒險旅程，拯救我們對於宮廷牌的知識渴求。

人們為什麼會覺得宮廷牌特別難解讀，原因並沒有什麼神祕之處。單純就是因為沒有太多人去解讀宮廷牌。塔羅的現代史有一大部分其實就是塔羅牌的解讀史。二十世紀結束前的二十五年，塔羅愛好者致力進入畫面圖像的世界，而非透過一套標準的解牌公式或一套結構化的解牌系統來理解塔羅牌。比如說，人們會看著錢幣五這張牌，思索牌面上的人在做什麼，他們出現在什麼地方，臉上是什麼樣的表情，身體呈現什麼姿態，這些人過去可能發生什麼事，將來可能會做出什麼樣的選擇，等等。然後把這些資訊套在拿到這張牌的那個人身上，無論此人在占卜中問了什麼問題。

這在一個世紀以前根本是不可能的事，因為在當時，占掉整副塔羅牌一大半的那四十張數字牌（四個牌組的一號到十號牌），根本沒有任何敘事畫面，只是將每個牌組的象徵符號排列成精美圖案而已。也就是說，聖杯六這張牌上並沒有出現任何人物或場景，只有用六個畫工精美的杯子鋪排成某種圖案，就跟我們在一般撲克牌中看到的紅心六一樣。直到1910年萊德偉特史密斯牌（Rider-Waite-Smith deck）問世，整個情況才起了巨大變化。潘蜜拉・柯爾曼・史密斯夫人（Pamela Colman Smith）與這套牌的設計創作者亞瑟・愛德華・偉特（Arthur Edward Waite）共同合作，為每一張數字牌繪製了不同的人物動作場景，將故事感注入到每一張小阿爾克那牌當中，用故事來解牌自此成為可能。就像你可以跟朋友手牽手去看一場電影，觀影之後相互討論，然後你發現，這個故事居然給了我們那麼多機會去挖掘關於自己的諸多真相。

跟數字牌的敘事特性一樣，大阿爾克那牌（或所謂大祕儀）一直以來都在向我們顯示複雜的象徵含義。然而，宮廷牌卻是個大問題。從過去到現在，大多數塔羅套牌中的宮廷牌（克勞利和哈利斯夫人創作的《托特牌》是明顯例外）都是以相當古板正經的方式在呈現。國王和王后端坐在其寶座上，騎士精神抖擻騎著他們的馬匹，侍者手上握著屬於他們牌組的象徵符號自信驕傲地站著。

以早期傳統的塔羅解牌風格來說，宮廷牌的這種制式化人物特徵在解牌上確實沒什麼問題。這是因為，占卜師假定這些牌是指特定人物，而且你可以使用一些制式化特徵，比如他們的年齡、性別、髮色和膚色，來辨識這些人物是誰。然而，這種「人物辨識」（identification）與「牌義解讀」（interpretation）卻是不同的兩件事。

格瑞爾和利德對於「宮廷牌就是代表某個人物」這個傳統解釋，有了非常好的處理。他們認為，這種解釋只是眾多可能性之一。他們不是單單給我們解牌公式，而是提出了相當具有創見而且有趣的方法，來幫我們找出這些宮廷人物可能代表誰。他們提出了很多種方法，讓我們有辦法去意會一張宮廷牌究竟真的是指某個人，或者只是書中提到的眾多可能性之一。

角色遊戲是本書的一大特色。格瑞爾和利德深知，當我們跟這些圖像、概念想法，以及各種可能性一起遊戲、一起演出，我們就等於給了自己發現真相的機會。因此，在諸多解牌技巧當中，我們會看到一封名為「塔羅海灘派對」（Tarot beach party）的邀請函。接下來你會在書中看到，他們為我們示範如何用塔羅牌來創造故事和編寫劇本，而宮廷牌就是這些故事裡現成的主角。我希望有人可以把他們的創意劇本拍成影片，那一定會是一齣很棒的電影。

本書提出的大量解牌技巧，顯示了現代心理治療學派帶來的重大影響，尤其是榮格學派與波爾斯（Fritz Perls）的完形治療（Gestalt）。完形治療師會告訴他們的個案，將夢中出現的每一樣東西（甚至包括無生命的物件）都看作是自己；格瑞爾和利德也告訴我們，解讀宮廷牌「最有力的唯一方法」就是，把這些宮廷人物看作是問卜者（提問者）內在人格的不同面向。如果他們沒有提出這麼多解牌技巧給我們參考的話，這種想法乍聽之下可能有點挑釁。但他們確實給了我們非常多種解讀宮廷牌的建議，其中我最喜歡的一個是：我們其實是藉由我們抽到的宮廷牌來說出自己心中的話。假設你使用的是偉特牌，然後你抽到寶劍十，就是那個背上被插了十把劍的人，接著是一張權杖騎士牌。你能想像那位騎士遇到這個場景當時的情況嗎？他會做什麼事？他會說什麼話？我寫這篇文章的這一天碰巧是偵探小說家亞瑟．柯南．道爾（Arthur Conan Doyle）的生日，因此我不由自主就把這位權杖騎士想像成一名偵探，他正在調查這個背上插了十把劍的犯罪現場。不過，這只是其中一個故事版本。你不妨自己試試看，編個故事，然後把它看作你內在人格的一個面向，看它會告訴你什麼。

除了無數充滿創意的想法之外，這本書也滿載純知識性的資訊。從塔羅牌歷史，到各種不同符號系統的對應解釋（當然也包括各種符號對應系統的簡史介紹），最後將當代塔羅套牌的各種宮廷牌變化版本整理成對照表，可說涵蓋範圍相當廣泛，各種知識應有盡有。

除了提出各種方法讓我們找出自己適用的宮廷牌義解釋之外，他們當然也為我們整理了每一張宮廷牌的「傳統」牌義——不過，由於他們提出的各種解牌法實在太過精湛細膩，以致連傳統牌義也成了這些解牌遊戲的其中一種方式而已。

此刻，我們終於找到答案，能夠去解答一個長久存在的難題。從現在開始，當塔羅工作坊裡的人問我「如何解讀宮廷牌？」，我只要舉起這本書就可以了。

——瑞秋．波拉克

致謝

要是我能一一感謝我人生中出現的所有宮廷牌人物就好了，但他們的人數遠遠超過十六人，有更多人我無法在此一一提及和致謝。首先，我不知該如何表達我對所有上過我的塔羅課程與工作坊的學員的感激之情。因為有你們，這本書裡的許多想法才能夠被創造出來、一一嘗試，並得到指正和淬煉。我也要感謝那些讓這麼多塔羅研習活動成為可能的人：Geraldine Amaral、The Amberstones、Janet Berres、Jean-Michel David、the Omega Institute、Barbara Rapp、Valerie Sim、Thalassa、Glenn Turner、James Wells，以及鹿林月亮出版社的宣傳團隊對這些活動提供的支持。尤其要感謝鹿林月亮出版社的芭芭拉．摩爾對於推廣塔羅所做的努力和奉獻。

感謝多位塔羅專家增進了我對宮廷牌的了解：芬恩．莫西耶（Fern Mercier）、瑞秋．波拉克（Rachel Pollack）、瓦德與露絲．安博史東（Wald and Ruth Ann Amberstone）、湯姆．利德（Tom Little）、嘉娜．萊利（Jana Riley），以及琳達．蓋爾．沃爾特斯（Linda Gail Walters），還有諸多優秀的塔羅書籍作家和塔羅套牌創作者。我也要感謝所有塔羅網路社群的成員，他們在網路上提出各種問題，並大方分享他們的想法。

讓我對宮廷人物的人際互動關係學到最多的，就是我的家人：我的母親、父親、兄弟，還有我的女兒卡西米菈、希拉、珍，以及愛德。另一個讓我能夠活生生去探索宮廷人物動態關係主要場所就是我的「符號群組」（沒有你我該怎麼辦才好），包括：Charlotte、Chris、David、Jack、Kathryn、Lia、Sharyn、Vail、Virginia R.、Virginia W.，以及Wylene。特別要感謝唐娜・賀內林（Donna Hanelin），我個人將此書獻給她。

——瑪莉・K・格瑞爾

我要感謝網路塔羅社群，在我第一次冒險進入塔羅這個引人入勝的研究時，我發現了它的存在。在最初幾年的生動對話、分享和辯論中，我學到非常多東西。每一個聲音都是整體的一部分，在此僅能提及幾位：麥可・傑克森（Michele Jackson）、鮑伯・歐尼爾（Bob O'Neill）、瑪莉・格瑞爾（Mary Greer）、瑞秋・波拉克、亞利姍卓・簡內提（Alexandra Genetti），以及已故的布萊恩・威廉斯（Brian Williams）。

感謝鹿林月亮出版社所有人員在本書出版過程中給予的鼓勵、支持和指導。

我還要特別感謝四位朋友：黛安・威爾克斯（Diane Wilkes）、洛瑞・克魯洛（Lori Cluelow）、詹姆斯・威爾斯（James Wells），以及艾倫・洛倫齊—普林斯（Ellen Lorenzi-Prince），感謝他們從本書最初構思，到撰寫、出版期間，幾乎每天給予我不可思議的支持力量。

最後，我要將本書獻給安妮—瑪麗（Anne-Marie），在這多變的世事中，她始終在我最核心深處，作為我生命穩固的基石。

——湯姆・利德

目錄

推薦短語……II
推薦序——連結不同學科，成為塔羅專家的關鍵之書……V
序——瑞秋．波拉克（Rachel Pollack）……XI
致謝——瑪莉．K．格瑞爾、湯姆．利德（Tom Little）……XVI
前言……1
9 第一章 塔羅宮廷牌的各種面貌
47 第二章 宮廷家族成員
71 第三章：社會中的宮廷人物
105 第四章：內在的宮廷人物

144 第五章：宮廷人物的人際關係
178 第六章：宮廷人物和宇宙
224 第七章：綜合解牌
257 第八章：設計自己的宮廷牌
280 第九章：宮廷牌義解釋
附錄A 宮廷牌對應表……357
附錄B 邁爾斯－布里格斯宮廷牌對照表……363
附錄C 黃金黎明宮廷牌對應……366
附錄D 重要名詞解釋……383

前言

塔羅牌由七十八張牌組成，分為三大部分——二十二張大阿爾克那牌（或稱大牌、大祕儀）；四十張數字牌，分屬四個花色牌組，每一個牌組包含一到十號牌；以及十六張宮廷牌，四個花色牌組各有四張牌，名稱通常是國王、王后、騎士、侍者。這本書的主要內容就是在說明，當你在幫自己或別人進行塔羅占卜時，該如何解讀這些宮廷牌，來作為個人的行動指引和認識自己。還有，你也會學到如何創作自己的宮廷牌。

占卜（Divination）可以定義為「辨識、認識、領悟、洞察」（discerning），也就是透過一種帶有象徵意涵的溝通形式，知道如何與大自然的隱藏力量或宇宙的計畫達成和諧一致的狀態。它可以讓我們了解一種角色性格會有什麼樣的命運，揭示出我們實現自身命運的神祕變化過程，同時了解到我們自己的真正面貌到底是什麼樣子。宮廷牌描繪了十六個不同的角色或性格，這十六個性格，全部都是我們自己或他人內在的各個不同面貌。宮廷牌也是我們的老師，是我們自己內在未被認知之特質的投射；它們可以代表事件、人生階段、發展過程，以及各種技術才能和能力。這十六種角色性格分屬四個花色牌組，最常見的稱法是權杖、聖杯、寶劍、錢幣，從某個角度來說，這四個牌組通常對應四個元素：火、水、風、土。

宮廷牌傳統上是以中世紀歐洲的宮廷人物圖像來呈現。不過，近年來，塔羅牌的創作者試圖擺脫這種宮廷階級的架構，取而代之的是跟家庭、部落生活、動物等相關的圖像。在整副塔羅牌當中，宮廷牌可能比大阿爾克那及數字牌更具有實質變化性，因此不太可能制定出一套明確的分類解釋來適用於不同的塔羅套牌。除了想要推翻宮廷的位階制度外，有一些套牌的創作者也努力嘗試要推翻性別的刻板印象、年齡歧視，以及歐洲文化脈絡中固有的白人種族主義。有一些塔羅套牌，將四個牌組分別描繪四個不同的地理區域及其種族文化——這是法國共濟會成員傑柏林（Antoine Court de Gébelin）在十八世紀提出的概念，另外還有些套牌是描繪元素力量與各種神靈存有。宮廷牌的標題也變了，比如，原本的王后牌變成了女士、女族長、女人、女祭司、女神、母親、精神導師、女巫、情人、禮物或屋舍。

我們會試著列舉各式不同的塔羅套牌來作為宮廷牌的解牌實例，但也會把重點放在傳統的歐洲塔羅牌，以及一些源自黃金黎明赫密士派的塔羅系統概念，包括大家熟知的偉特史密斯牌（以下有時簡稱偉特牌）和托特塔羅牌。

宮廷牌普遍被認為是塔羅牌中最難解讀和解釋的部分。其實，認識宮廷牌跟認識一個人很像，一開始他們只是一種平面圖像，角色界定非常單純，但是當你慢慢深入去認識，你就會看到他們極為複雜的性格、行事作風，以及生命歷程。

從最基礎的層次來說，宮廷牌會被解釋為一個具有該牌組特徵、屬於特定年齡範圍以及／或是在家庭中擁有某種地位的人。某些解牌者可能還會加上星座、髮色、性別等這類描述。如果這張牌是正位，代表此人對問卜者有利；如果是逆位，對問卜者可能不利。但在實際占卜解牌中，這樣的描述往往跟這張宮廷牌的完整潛力（潛在可能性）相去甚遠。有時甚至沒有一個人符合這樣的描述，有時符合這個描述的人可能超過十人。那個在凱爾特十字牌陣中跟你「橫向交叉」的黑髮未婚年輕金牛男錢幣騎士到底是誰呢？顯然，他是代表公司裡有人想要奪取你的工作職位。但是，如果是一位忙於工作的五十五歲職業婦女，而且沒有生過小孩，她在代表「情況處境」的陣位上拿到聖杯侍者，那又是什麼情況？如果你想不出這張牌可能代表哪一個人，那麼根據傳統定義，侍者牌是代表消息、訊息，那麼聖杯侍者就可能代表跟愛情有關的消息。如果這樣的解釋也不符合，那麼這位塔羅占卜師接下來該怎麼解讀這張牌呢？這就是本書要探討的內容，它可以讓你看到更多不同的可能解釋。

如同我們前面所述，宮廷牌就是代表我們自己，但也可以代表其他人、其他形式作風或是事件。如果是逆位牌，那我們可以試著去找出有哪些地方能量被阻塞，或是有哪些才能被壓抑。

本書的主要目的是讓宮廷牌變得鮮活有生命，在你面前栩栩如生，讓你更深入了解這些牌的含義及其潛在可能性。在開始閱讀本書之前，建議你先閱讀「附錄D」的重要詞彙解釋和定義。在閱讀本書過程中，若發現你對哪個詞彙或概念不清楚，也可以隨時回來查看。

✦ 塔羅日記

這本書從頭到尾都有範例和練習。閱讀的時候，手邊請準備一副牌、一本筆記，還有筆，將你的感想和經驗記錄下來。你可以預先為每一張宮廷牌保留幾個空白頁，以便隨時把你的想法、關鍵字、牌義解釋寫在每一張宮廷牌標題下方。如果你手上有多副不同套牌，也記得在筆記上標示出你所使用的那副牌的名稱。同時記下你做練習的日期，因為日後你可能會想要把某些練習拿來再做一次，看看在不同時間點你對這些牌的體會是否有什麼改變。

✦ 你的第一張象徵牌

宮廷牌在占卜中最常見的用途之一就是作為「象徵牌」（significator，也稱指定牌、指示牌、代表牌）。象徵牌就是代表「問卜者／提問者」（querent）自己，也就是現在提出問題、正在進行占卜的這個人。象徵牌的選擇方法有很多，稍後我們會在第一章中詳細介紹。現在你只要憑直覺選出你的第一張象徵牌即可，先不用考慮後面我們介紹的那些理由，這樣你就可以比較一下，憑第一印象選出這張牌，跟後來選出的那張牌有什麼不同。首先，將十六張宮廷牌從你的套牌中挑出來，正面朝上全部疊成一落。把你之前對這些牌的知識暫時忘掉，只看牌面圖案就好。

1. 把你最不喜歡的牌挑出來淘汰掉——至少要淘汰一半。將淘汰的牌暫時放在一邊。
2. 請注意你在淘汰過程中是憑什麼特徵或人格特質將這些牌刪掉：因為牌面上那個人看起來太老？太年輕？髮色不對？性別不符？表情太過嚴厲嚴肅？不夠友善？太愛幻想？太古板守舊？跟你喜歡的東西不一樣？
3. 剩餘的牌當中，有沒有哪一張牌你覺得很明顯跟你最像？如果沒有，請把這些牌分成兩張一組，逐一再檢視一次，從兩張牌當中選出你比較有感覺的，或是你覺得跟自己最像的那張牌。然後把挑出來的牌重新兩張一組進行比較，直到剩下最後一張牌。這張就是你的象徵牌。

4．從你最初淘汰的那堆牌當中，找出跟你最不像的一張牌。這張牌就是你的「對手牌／相剋牌」（nemesis）。它通常代表你覺得自己沒有被分配到（不具備）的那些特徵或人格特質。

5．在塔羅筆記中寫下來，你覺得自己在哪些方面跟這張象徵牌最像。同時也描述一下，你跟那張對手牌哪裡不像。選擇對手牌的其中一個方法是，如果你在這個人的領域跟他競爭，他或她將是你難以打敗的對手；你不可能贏。你也可以寫下你對其他牌的看法，比如，哪幾張牌好像也可以代表你的某個部分，值得你去注意。寫完之後記得標出日期。

當你逐漸深入了解宮廷牌會發現，這些「第一印象」非常有趣，對你來說意義非凡。

在閱讀本書的過程中，你將逐步建立起你自己跟宮廷牌的連結關係。最終目的，我們希望你能夠透過這本書認識到人類性格的多種樣貌，而且能夠去珍惜這種多樣性格的價值，然後帶著悲憫心來看待自己和別人的不同需求與行事風格。這本書是以宮廷牌的傳統解釋作為想像力的跳板，進一步朝這個目標來前進。以這本書來學習宮廷牌，一方面可以透過創意遊戲來探索我們自己對這些牌的看法和反應，一方面這也是在研究前人所建立的各種牌義系統。這本書的目的，是要讓宮廷牌在你面前變成活生生的人，讓你對這些牌有更深刻的認識，並了解到他們所代表的人性面貌其實有無限可能。

第1章

塔羅宮廷牌的各種面貌

THE MANY FACES OF THE TAROT COURT

塔羅宮廷牌包含了四組國王王后以及他們的隨從，每一組都有其職責管轄範圍，在撲克牌圖案中也各有不同的紋章裝飾（後來演變成四個牌組的象徵符號）。在撲克牌術語中，宮廷牌也稱為「皇室牌」或「人頭牌」（royalty or face cards），在十七世紀的英格蘭，這些牌也被稱為「外衣牌」（coat cards），因為牌面上的人物圖案總是穿著精美華麗的外衣或長袍。有些現代塔羅牌的創作會把它們叫作「人物牌」（people cards），好讓他們更為平易近人一些。在法國和義大利，這些牌被稱為「人形牌」或「形象牌」（figura or figure cards）。綜合以上，塔羅宮廷牌就是代表四個不同權力位階與影響力的人物，分屬四個不同牌組、元素，或管轄領域。由於這些人物的頭部或臉部通常都非常明顯突出，有時是以側面呈現，有些則直接正面朝前，因此，在牌義解釋上，臉部表情也是解讀的重點。

宮廷牌的解讀有各式各樣不同方法。在某種情況下，決定要用哪一種觀點來解讀宮廷牌比較恰當，也是宮廷牌解牌技巧的一部分。這本書有一大部分內容就是在介紹這些不同觀點。同一個占卜牌陣通常不會只提供一種解讀的觀點和見解，因此，如果能夠養成一種習慣，快速審視各種解讀的可能性，對你的解牌絕對很有幫助。

在一個占卜牌陣中，我們可以從以下幾個方向來解釋宮廷牌：

- 代表你生活中的某個人，從他或她的外表特徵、他或她的職業，或是他或她在這次占卜事件中的角色，可以辨認出這個人可能是誰（舉例來說，寶劍王后可能代表一位行事老練圓滑、客觀公正的女性，她的職業可能是顧問或仲裁者）。
- 代表你的內在性格、行事作風或心態的一個面向，或是你所扮演的角色（比如，權杖騎士可能代表你內在衝動、魯莽的那一面）。
- 代表提問者和另一個人之間的關係（比如，錢幣侍者在經濟上是靠國王過日子，因此表示此人在這段關係中可能有依賴的情形）。
- 代表你生命中正在運作的一股精神影響力（比如聖杯騎士可能代表一股洶湧澎湃的情緒能量，讓你產生興奮感受，進一步展開行動）。
- 代表某件事情或某個情況（寶劍侍者可能代表一件跟法律或生意有關的重要訊息或消息）。

本書接下來的章節，將會從以上這些面向詳細討論宮廷牌的含義。當然，還有其他可能的解釋。事實上，可能性非常大，因為數世紀以來，人們用了非常多不同的方法來解讀宮廷牌。本書是以「人格面具」（persona）的概念為核心來解析宮廷牌，無論這個人格面具是我們自己的還是別人的。

✦ 牌組和人物位階

了解基本的宮廷人物以及我們將在本書中使用的術語非常重要。小阿爾克那牌分為四個牌組，通常對應四個元素。宮廷牌分為四個位階等級，最初是代表這四個人物在社會上的地位高低。每個牌組有四張牌，所以４×４一共是十六張牌。但是，這四個人物位階的名稱、元素對應，以及牌組特性、位階排序，則因為不同套牌而有極大差異。在某些套牌中，尤其是異教（非基督宗教）的套牌，權杖（或稱棍子）是對應風元素，寶劍對應火元素。淨光兄弟埃及塔羅（Brotherhood of Light Egyptian Tarot）裡面的錢幣（五角星）是對應風元素，權杖是屬於土元素，寶劍對應火元素。

還有一些更罕見的套牌，聖杯牌是對應風元素，寶劍是水元素。本書則是採行一般大眾最常使用的系統，權杖對應火元素，寶劍對應風元素，但我們並非就此認定這個系統是唯一正確或最好的系統。你可以隨個人喜好，使用任何一種元素對應系統無妨。

牌組／元素

權杖／火

權杖／wands 牌組有時也稱為棍子／batons、棒子／staves、竿子／rods、節杖／scepters 或梅花／clubs。對應火元素，象徵對於成長的渴望，因此也代表：推動事物發生的「靈感」、開闢出前進道路的「欲望」、促使行動發生的「未來志願」。權杖人物的每一個行動背後都帶有一個目的，而且看重從實際經驗的意義中找到價值，對於外部形式的東西並不是那麼在意。權杖的出現意謂著對自我成長和創造力的渴望。他們想要擴大覺知意識，並用他們的熱情將一切事物點燃。

當你抽到一張權杖牌，你也許可以問問自己：什麼東西燃起了你的興致？你的內心是否有一股強烈渴望想要去做某件事？你覺得自己快要燃燒殆盡、疲憊不堪嗎？你現在非常生氣嗎？你心裡是不是有什麼東西快要爆發出來？

權杖通常代表：

計畫	創新	冒險	創造力	創始	熱忱
能量活力	採取行動	自我成長	渴望	熱情	感知
精神	靈感	論點	行動	移動	樂觀

聖杯／水

聖杯／cups 牌組也稱為杯子、器皿／vessels、碗／bowls、容器／containers，或是紅心／hearts。對應水元素，而且水會隨著它注入的器皿呈現出不同外形。因爲這個特性，聖杯人物的性格帶有一種友善可親的特質，但同時也是向外擴散的。聖杯代表隨順流動以及尋求融合。他們能接受來自熾熱權杖人物的衝動行為並做出反應。他們代表愛、關係，以及想像力，而且能夠提供滋養和連結感。聖杯人物能夠打開你的內在感受，讓你與他人建立起情感上的連結。在這個層次上，他們似乎比較依本能直覺來做選擇。

當你拿到一張聖杯牌，你可以問自己：我是不是該順其自然？它會把我帶到哪裡去？我現在內心充斥著什麼樣的情緒呢？我是不是做了超過自己能力範圍的事？我是不是完蛋了？我是不是太過優柔寡斷？我對這個東西感興趣嗎？如果順著這波情勢那會如何？

聖杯通常代表：

感覺感受	心	關係	浪漫	夢想	視覺化能力
情緒	心情	潛意識	感受性	反照	內在變化過程
想像力	直覺	心靈力量	像映照	包含／牽制	浮沉不定的感覺

寶劍／風

寶劍／swords 牌組有時也稱為刀刃／blades、水晶／crystals、羽毛／feathers、雲／clouds或是黑桃／spades。對應的元素是風，代表智力、理性、邏輯、分析，以及在理性判斷下執行這些屬性的動作。寶劍人物會深入解剖一個想法的最初樣態：他們會思考它、談論它、與之纏鬥、將它加以組織，並斬斷一切跟這個議題無關的東西，然後，只根據理性和邏輯來下判斷。他們解決事情的方法經常會帶來痛苦和悲傷，因為任何無法承受光明真相的東西都會被他們無情地割棄和摧毀。但同時，寶劍人也樂於交換和開發更多想法，因此，通常善於溝通。在最好的情況下，他們會審視一件事情的所有面向，仔細權衡輕重，然後形成清晰、明確的看法。

當你拿到一張寶劍牌，不妨問問自己：這件事情的真正重點是什麼？我要割棄什麼人或什麼事物呢？我的言語是不是太過尖酸刻薄？是什麼東西遮蔽了事情的真相？我要如何做才能消除跟其他人的隔閡？我是不是不計後果也要做這件事？

寶劍牌通常代表：

衝突	思考	律法與秩序	糾纏掙扎	辨別力	討論
批判	分析	機靈且狡猾	做決定	同情、理解	內在心理歷程
策略	規畫	溝通	理性	解決問題	戰或逃機制

錢幣／土

錢幣／pentacles 牌組也稱為硬幣／coins、圓盤／disks、石頭／stones、盤子／platters，或是方塊／diamonds。對應土元素，代表你的勞動成果，你與其他牌組元素的互動結果。同時，錢幣人物就是標準的「務實、腳踏實地」，所有嶄新的想法和點子都是從這裡誕生的。錢幣人物讓我們很有安全感，他們會透過家庭、金錢、傳統、控制或權力——這些我們認為有價值的東西讓我們感到安心，而且經常以勞動獎賞的形式給予我們回報。他們會讓我們以欣賞的眼光去看待外在有形物質和我們的肉體。錢幣牌的出現，代表我們努力要去達成物質上的精純成就，無論是在手工技藝和技能方面，或是對事物運作原理之知識的掌握。

當你抽到一張錢幣牌，問問自己：是什麼事情讓我回歸現實、不再幻想？我是否被當作一個有價值的人在對待？塵土堆裡的鑽石在哪裡？怎樣做才能穩如磐石？什麼事情可以讓我腳踏實地？我該怎麼做才不會這麼頑固守舊？

錢幣牌通常代表：

技能	價值	務實	感情	結果	身體的
重要之物	物質	自我中心	實現	勞動成果	金錢與經濟
傳統	安全感	健康和健壯	顯化	精於工藝	獲得獎賞

人物位階

塔羅宮廷牌四個位階人物的標題名稱，甚至比牌組花色名稱還要多樣，不同套牌之間的差異也非常大。本書使用的標準名稱是國王、王后、騎士和侍者。

國王

國王牌描繪的是成熟的陽性能量或陽剛之氣。他擅長處理外部的、跟公眾有關的事務，在自己的專業領域屬於專家角色。他是一位權威人物、一名指揮官、管理者、部長，也是一個受人敬重和信服的人。他負責做決策和委派任務。他在很多方面都跟大阿爾克那的皇帝牌很像，差別在於他的專業能力和專注範圍僅限於所屬牌組所對應的領域。

當你拿到一張國王牌，不妨問問自己：我如何展現我的專業能力、掌控力、成熟度或正直性格？我能夠勝任這件事嗎？我的個性是不是很霸道？我能夠把事情辦好嗎？

國王牌通常代表：

實力	能耐	專業度與領導力
權威	受人敬重	做決策

王后

王后牌描繪的是成熟的陰性能量或女性特質。她擅長內在的、人際互動方面的事務，在自己的專業領域屬於專家角色。她以情感勸說、直覺力、以及關懷照顧和鼓勵他人來領導眾人。她是大阿爾克那皇后牌的其中一個面向，透過她所屬牌組的元素能量來展現她的同理心和創造力。

當你抽到一張王后牌，不妨問問自己：我如何讓自己和別人展露出潛在特質？我能夠覺察人事物的細微之處嗎？我如何鼓勵自己和別人成長？我可以做出什麼貢獻？

王后牌通常代表：

同理心	以信念來說服	溝通
教導	滋養	情緒覺察
創造力	直覺力	透過共識來領導眾人

騎士

騎士牌描繪的是未臻成熟的陽性能量或陽剛之氣。他缺乏國王的洞察力和視野，但卻以純粹專一的能量彌補了這個缺憾。他的直接近乎粗暴。他追求創新並創造變革。他是大膽的冒險家，願意承擔任何風險，也是一個浪漫主義者、理想主義者。行動就是他生命的真髓。他會盡其所能去掌握自己牌組的課題，無論在外人看來他們的舉止有多麼極端。

當你拿到一張騎士牌，問問自己：我的理想是什麼？我對什麼事情癡迷執著？我的目標和獎賞是什麼？我知道自己渴望什麼嗎？我能夠堅持不懈嗎？我夠專心專注嗎？

騎士牌通常代表：

精力能量	熱情	朝目標行動
意圖	專注	一心一意
理想主義	活力	對生命的渴望

侍者

侍者牌描繪的是未臻成熟的陰性能量、女性特質，或是幼稚能量。她心胸開放、好學不倦、充滿好奇心、天真無邪、樂於成長。侍者熱愛生命、接受生命的一切安排，並且徹底展現和活出所屬牌組的能量特質。侍者牌也可能代表一個剛進入你生命中的人，為你帶來新的消息和機會。

當你拿到一張侍者牌，問問自己：我準備好要聆聽這個消息了嗎？我有足夠的好奇心嗎？我是否能保持開放之心來迎接我的夢想帶來的動盪？

侍者牌通常代表：

好奇心	希望	天真無邪
心胸開放	信賴	起始
新奇	成長	學習、學徒

✦ 宮廷牌的海灘派對

在解讀每一張宮廷牌的牌義解釋之前，先來介紹一個「破冰法」，讓你認識一下自己最喜歡的塔羅套牌當中那幾位宮廷人物的性格。請把十六張宮廷牌從整副牌中取出，橫向依牌組排列，縱向按人物位階排列。你可以把以下這段引導式視覺冥想先錄下來。

找一個舒服的姿勢，做幾次深沉、清淨的深呼吸，讓自己整個人穩穩跟地面連結，用任何姿勢來做這段冥想都可以。觀想你在海灘散步。聆聽海浪拍打海岸的聲音。現在是夏天。赤腳走在沙灘上，感受著沙子在你腳下，溫暖宜人，海邊陣陣涼風拂過你的臉，感覺非常舒服。你聞到空氣中一股清新撲鼻的海味。你聽到不遠之處有人在聚會的喧鬧聲，你慢慢走近那地方，看到有一群人玩得很開心。他們正是宮廷牌裡面的人物，這時你才突然想起，你是受邀來參加這個海灘派對。

你慢慢朝這群人走過去，這時你看到第一個人，此人每次都讓你感到溫暖又熱情。你立刻覺得自己受到重視和欣賞，感覺自己是這個團體的一分子。這是哪一張牌？

就在你跟這位宮廷人物交談時，你注意到附近站著一個你不喜歡的人，此人讓你感覺很不舒服，你避之唯恐不及。這是哪一張牌？

你成功地避開了那個人，但現在你注意到，你的肉體被某個人深深吸引，那人就像一塊磁鐵把你整個人都吸過去。這是哪一張牌呢？

現在你注意到有一個人，看不出年齡，像小孩子一樣到處胡鬧，玩得很開心。你看著這個人，感覺自己也跟著輕鬆愉快起來。這是哪一張牌？

在你加入與眾人同樂之前，你注意到有一位你非常敬佩的人，他（或她）帶有一種深沉的智慧與同理心，讓你深深折服。你絕不會錯過這個與他（或她）相處的機會。這是哪一張牌呢？花一點時間仔細看一下，這個人要對你說什麼。

你感覺到心裡有一股拉力在告訴你，該回到你的現實日常世界了，這時你不禁低頭看著自己，突然發現自己原來也是一張宮廷牌。你是哪一張牌？

該離開那地方了，你走回沙灘，遠離派對的喧囂，讓海浪和風的聲音填滿你所有的感官知覺。做一次深呼吸，你發現自己很輕鬆就回到剛開始冥想的地方，你現在坐在自己的房間裡。你的意識完全回到當下身體中，清楚知道自己身在什麼地方。再做一次深呼吸，吸氣，然後，一邊吐氣，一邊念自己的名字念三遍，同時慢慢張開眼睛。

花一點時間做筆記，為什麼你在上面的海灘冥想中會選擇那幾張宮廷牌。每一個宮廷人物是具備了哪些特質讓你有那樣的感覺？也記得把那位有智慧的宮廷人物對你說的話記下來。把所有的感受經驗、印象或記憶，全都寫在你的塔羅日記中。

✦ 各種版本的塔羅宮廷牌

自塔羅問世以來，紙牌設計者對於宮廷牌的構思就非常不同，他們用了非常多種名稱來代表這些人物的位階等級，性別、年齡和社會角色的設定也有極大差異。現代塔羅牌的創作者對宮廷牌的實驗性，比其他部分的牌都更加大膽自由。

大家最熟悉的兩套宮廷牌系統，包括偉特牌（反映早期的馬賽塔羅牌和一些歷史較為悠久的套牌）和托特牌，我們會在下一章中詳細介紹。這兩套系統在塔羅界都擁有巨大影響力，很多現代套牌都是效仿這兩套牌而設計出來的。

薇琪・諾布爾（Vicki Noble）與凱倫・沃格爾（Karen Vogel）共同創作的《和平之母塔羅牌》（The Motherpeace Tarot），是首先使用全新宮廷牌概念的幾副套牌其中的一副。四張宮廷牌的角色名稱分別為薩滿、女祭司、兒子、女兒。薩滿代表力量和經驗；他們對於所屬牌組的特質已經發展成熟，具有良好的掌控能力。女祭司代表「心」的作用；負責接收和傳導其所屬牌組的能量和力量，而且關注生命的神聖性。兒子代表一種輕鬆、調皮的特質；他們擅長使用語言文字和分析，心意專注而且以目標為導向；代表自我。女兒則是年輕而熱情，代表我們每一個人的內在小孩；他們是透過感官覺受並使用整體思維來經驗事情。

《領航者塔羅牌》（The Voyager Tarot）由吉姆．萬萊斯（Jim Wanless）和肯．克努森（Ken Knutson）共同創作，宮廷牌的四個角色名稱分別為聖者、小孩、女人、男人，以此來顯示兩大類二元性特質：陽性能量和陰性能量，以及年輕人和老人。這幾張牌形成了萬萊斯所稱的「意象家族」（family of images），可以指內在層次，也可以指外在層次。從內在層次來說，它們代表對於自我的覺知程度。以外在層次來說，它們代表了引導人達到成就的導師或榜樣，或者代表困難挫折。聖者牌代表智慧、技能技術，以及從經驗得到的專業知識。小孩牌代表新的成長和學習、探索、自動自發、開放性以及好奇心。女人或母親牌代表我們的感受性、情緒感受的特質；她的內省和自我覺察能力很強、感受很敏銳，能夠關心照顧他人，以「人」為導向。「男人或父親牌」則是革命者；他主導外部事物，以「行動和目標」為導向；他追求變革，而且渴望改變事情。

《世界精神塔羅牌》（The World Spirit Tarot）是蘿倫・歐力理（Lauren O'Leary）和潔西卡・哥迪諾（Jessica Godino）共同創作，宮廷牌的四個角色分別是聖者（sage）、女先知（sibyl）、追尋者（seeker），以及幻想家（seer）。每一張宮廷牌或「人物牌」就是代表一種「性格速寫」：

> 「幻想家」是學生，對周遭世界充滿好奇。他們年輕又嬌嫩，需要別人的關心和保護。「追尋者」與世界的互動更為活躍，她們努力追求答案、勇於面對挑戰、願意承擔風險，而且致力於完成任務。他們是年齡尚輕的成人，缺乏經驗和成熟度，但也並非激情主義者。「女先知」代表了各個牌組成熟樣貌的展現。她們能夠明智地使用她們的能量，而且知道如何輕鬆有效地統轄她們的國度。「聖者」代表世俗人間的成就者。他們因歲月和責任的累積而具備廣闊視野，也擁有無上的權威。[1]

瑞秋．波拉克（Rachel Pollack）在她創作的《閃耀部落塔羅牌》（The Shining Tribe Tarot）當中，為我們介紹了四種「洞見牌」（vision cards），名稱分別是：場所（place）、認識者（knower）、禮物（gift），以及說話者（speaker）。它們不是代表人的性格類型，而是誠如波拉克所說：「帶我們去經驗我們自己」，並告訴我們如何去了解和使用每一種元素的力量。場所牌描繪的是一個地點和具體圖像，揭示每一個牌組及其特質可以為我們帶來什麼樣的洞見。認識者牌就是「每一個牌組的神話級冠軍。它給我們一種感覺，能夠去了解和經驗那些基本元素的特質……〔以及〕如果我們將它們體現出來，我們可能會成為什麼樣子的人。」禮物牌提醒我們四個牌組的象徵意義，並學習真心去感謝它們的力量；因為它們「能幫助我們〔藉由〕奇異的經歷或一位特別的幫助者或導師……認識我們從〔大靈〕那裡獲得的禮物。」說話者牌則是提醒我們，我們的行動來自我們自身內在的力量；他們以權威和自信的方式在說話或行動，而且「有責任與別人分享元素的力量，並為更廣大的群眾來服務。」

由諾伯特．萊歐（Norbert Lösche）創作的《宇宙塔羅牌》（The Cosmic Tarot），是融合了偉特牌和托特牌這兩個系統，將宮廷牌的標題命名為國王（king）、王后（queen）、王子（prince）和公主（princess），並以電影明星的畫像作為牌面圖案。莎拉．歐文納爾（Sarah

Ovenall）的《維多利亞女王塔羅牌》（Victoria Regina Tarot），同樣也是將宮廷牌命名為國王、王后、王子和公主，但牌面圖案描繪的是英國維多利亞時代的知名公眾人物。

以下這張簡要的對照表，列出了各種宮廷牌系統的各種變化型態，但也僅是列出一部分而已。這張表格裡面沒有出現的塔羅套牌還有很多，其中大多數可能都是使用偉特牌或托特牌的宮廷牌標題。

各種版本塔羅套牌之宮廷牌位階對照表

標準英文（偉特牌、馬賽牌等）	國王／King	王后／Queen	騎士／Knight	侍者／Page	
古代義大利	國王／Re	女王／Regina	騎士／Cavaliere	步兵／Fante	
帕布斯（Papus，法文）	國王／Roi	夫人／Dame	騎士／Cavalier	隨從／Valet	
巴比（Balbi，西班牙文）	國王／Re	女王／Reina	騎士／Caballo	隨從／Sota	
黃金黎明	國王／King	王后／Queen	王子／Prince	公主／Princess	
托特	騎士／Knight	王后／Queen	王子／Prince	公主／Princess	
亞當的鸚鵡（Adams' Parrotta）[a]	國王／King	王后／Queen	導師／Mentor	王子／Prince	公主／Princess
煉金術（Alchemical）	國王／King	王后／Queen	騎士／Knight	淑女／Lady	
納普／霍爾（Knapp／Hall）	國王／King	王后／Queen	戰士／Warrior	侍者／Servant	
凱爾特智慧（Celtic Wisdom）	國王／King	王后／Queen	戰士／Warrior	女人／Woman	
快樂日子（Merryday）	國王／King	王后／Queen	戰士／Warrior	元素／Elemental	
蘇爾頓馬雅（Xultun Mayan）	君主／Lord	夫人／Lady	戰士／Warrior	侍者／Servant	
美洲原住民（Native American）	族長／Chief	女族長／Matriarchc	戰士／Warrior	少女／Maiden	
探索者（Quester）	族長／Patriarch	女族長／Matriarch	戰士／Warrior	少女／Maiden	
說書者（Storyteller）	男主人／Master	女主人／Mistress	戰士／Warrior	學徒／Novice	
變形者（Shapeshifter）	男神／God	女神／Goddess	戰士／Warrior	追尋者／Seeker	
內在小孩（Inner Child）	守護者／Guardian	嚮導／Guide	追尋者／Seeker	小孩／Child	
威廉布萊克（William Blake）	男人／Man	女人／Woman	天使／Angel	小孩／Child	
領航者（Voyager）	聖者／Sage	女人／Woman	男人／Man	小孩／Child	

世界精神（World Spirit）	聖者／Sage	女先知／Sibyl	追尋者／Seeker	幻想家／Seer
生命之舞（Dance of Life）	聖者／Sage	愛人／Lover	舞者／Dancer	詩人／Muse
返家之歌（Songs for the Journey Home）	解決／Resolving	創造／Creating	覺醒／Awakening	天真／Innocence
閃耀部落（Shining Tribe）	說話者／Speaker	禮物／Gift	認識者／Knower	場所／Place
紐奧良胡督（New Orleans Voodoo）	男祭司／Houngan	女祭司／Mambo	持劍者／La Place	教徒／Hounsis
女醫塔羅（Medicine Woman）	模範／Exemplar	莊稼小屋／Harvest Lodge	圖騰／Totem	學徒／Apprentice
原始叢林（Greenwood）[b]	國王／King	王后／Queen	騎士／Knight	侍者／Page
聖靈塔羅（Tarot of the Spirit）	父親／Father	母親／Mother	兄弟／Brother	姊妹／Sister
自然力（Elemental）	父親／Father	母親／Mother	兒子／Son	女兒／Daughter
遠景塔羅（Vision Quest）	父親／Father	母親／Mother	兒子／Son	女兒／Daughter
和平之母（Motherpeace）	薩滿／Shaman	女祭司／Priestess	兒子／Son	女兒／Daughter
女戰士（Amazon）	同伴／Companion	女王／Queen	女戰士／Amazon	小孩／Child
老婦人塔羅（Tarot of the Crone）	陰影／Shadow	祖母／Grandmother	女巫／Witch	野獸／Beast
月亮女兒（Daughters of Moon）	老婦人／Crone		母親／Mother	少女／Maiden
棒球（Baseball）	教練／Coach		最有價值球員／MVP	
卡巴拉學派（Qabalistic）[c]	火（風）／Yod（Vav）	水／Heh	風（火）／Vav（Yod）	土／Heh Final
元素塔羅（Elements）[d]	火（風）／Fire（Air）	水／Water	風（火）／Air（Fire）	土／Earth

	權杖	聖杯	寶劍	錢幣
時代塔羅 （Tarot of the Ages）	中非洲	中美洲	北歐	印度
喀山拉爾塔羅 （Kazanlar）	印度 （蒙古）	匈牙利	波斯	埃及
祖先之路塔羅 （Ancestral Path）	埃及 （十九世紀王朝）	亞瑟王時期的大不列顛王國	日本封建時期	北美洲 後接觸時期
海德塔羅 （Haindl）	印度	凱爾特諸國	埃及	北美洲
傑柏林 （Court de Gébeline）[e]	南方諸國	北方諸國	東方	歐美
威廉布萊克 （William Blake）	男人／Man	女人／Woman	天使／Angel	小孩／Child

還有一些套牌是用不同的種族與文化群體以及歷史時期來描繪宮廷牌的圖案，每一個牌組均有不同的對應。

上表注釋

a.《鸚鵡塔羅》（由 SS Adams Co. 出版）有五張宮廷牌：「導師不一定是一個人。他（或她）可能是一位『老師』，也可能是來自一本書、一段經歷、一個過程，或一個人所教導的『功課』。」（摘自牌卡說明小冊）

b. 雖然《原始叢林塔羅》的宮廷牌名稱跟傳統宮廷牌一樣，但所繪圖像全部都是動物。

c. 根據這類套牌的創作者設定，「女族長」是宮廷牌中位階最高的——等於其他傳統塔羅套牌中的國王地位。

d. 為配合這本書的內容需要，水元素王后牌是跟火元素配對，而土元素侍者牌是跟風元素配對。

e. 法國共濟會成員傑柏林（Antoine Court de Gébelin）並沒有設計出版塔羅套牌，但因在其著作中首度提到祕術塔羅，影響後世的塔羅牌創作甚鉅。

✦ 以宮廷牌作為象徵牌

宮廷牌在占卜解牌中的主要用途之一就是作為問卜者的「象徵牌」（或稱代表牌、指定牌、指示牌）。它是提問者這個人之身分和存在的象徵，用一張牌來作為代表，跟其他用來回應問題的牌一樣，都存在於象徵世界的層次。它是作為一名見證者，從你所見的一切來導出其意義。

象徵牌也可以用來代表此次占卜的用意或目的，或是你所關心的事情，而非僅能用來代表被占卜者本人。

當然，整副塔羅有七十八張牌，任何一張牌都可以用來作為象徵牌，但傳統上是使用十六張宮廷牌的其中一張來做代表。

如何選擇象徵牌

最常用的基本方法是以性別、年齡、生理特徵，以及（或）太陽星座作為參考，如下表所示。不過，這個分類主要是根據歐洲人的眼珠和頭髮顏色來作為標準，這些生理特徵並不適用於地球上其他地區的人。因此，如果你是使用遠距電話或電子郵件來幫對方做占卜，問這些問題可能會有點粗魯，也不是那麼必要。生理特徵僅能作為一種參考，不必當做唯一的判斷標準。

依牌組

權杖牌：火象星座。髮色可能偏金髮或紅髮。眼珠是藍色或淡褐色。	**寶劍牌：**風象星座。棕髮。棕色眼睛。
聖杯牌：水象星座。頭髮偏淺棕色。眼珠是藍色、棕色或淡褐色。	**錢幣牌：**土象星座。髮色偏黑或黑棕。眼珠是藍色或淡褐色。

依位階

王后：成人或已婚婦女。	**騎士：**年輕未婚男性。
國王：成人或已婚的男人。	**侍者：**小孩子或年輕未婚女性。

有些占卜師比較喜歡用宮廷牌的廣泛含義來選擇象徵牌。這本書有很多練習可以供你

參考，從中你可以找出許多關聯對照，決定該用哪一張宮廷牌來代表一個人。

選擇象徵牌的另一個方法是使用直覺。將十六張宮廷牌都擺在桌上，給問卜者一點時間去沉思，然後根據自己內心的直覺感受選出一張最像自己的牌。這種方法也可以讓占卜師清楚看到，這位提問者是如何看待他（或她）自己。

第四種方法是讓提問者從整副牌中隨機選出一張牌，或是限定從宮廷牌中選一張牌。這種方法能夠讓占卜師獲得一些資訊，看出是問卜者的哪一個內在面向在提出問題，也可以知道對方真正的問題點在哪裡。

隨機選出一張象徵牌

快速隨機抽出一張宮廷牌的方法是：洗牌、切牌，然後把整副牌重新疊成一落，接著從最上面一張牌開始翻，直到出現第一張宮廷牌。這張就是你這次占卜的象徵牌。然後重新洗牌，擺出這次占卜的牌陣。另一種方法是，先把占卜牌陣鋪好，然後用剩下的那些牌繼續抽牌，直到出現宮廷牌為止（不要使用別副牌來抽牌）。如果要從剩下的牌隨機選出任何一張牌作為象徵牌，請先洗牌，然後將牌面朝下攤開成扇形，選出一張牌即可。

象徵牌的進一步運用

你也可以把你的象徵牌留在整副牌中，不要先拿出來。有些人覺得，如果最適合作為象徵牌的那張牌隨機出現在占卜牌陣中時，那代表這次的占卜非常重要，這個牌陣也別具意義。舉例來說，一位男性近來正在處理關於「內在小孩」的議題，他認為權杖侍者這張牌就是代表他自己，因為同樣擁有強大的好奇心。每次只要這張牌出現在占卜牌陣中，他馬上知道，這次的牌陣一定跟他正在處理的內在心理問題有關，而且內容就是他的某個童年事件。如果是幫別人做占卜，除非對方有特意告訴塔羅占卜師這張牌的重要性，否則這些個人觀察有可能會完全被忽略。

黃金黎明學派使用的方法很有趣，先選出一張象徵牌（傳統上是根據生理特徵或星座——不過也有人使用其他各種方法），然後再把這張牌放回整副牌中，一起洗牌。一般來說是用全部七十八張牌來抽牌和擺設牌陣，然後將這張象徵牌找出來（同時不把牌的順序弄亂）。這張象徵牌出現的地方，代表了以下其中一種或多種含義：

- 代表要被解讀的一組牌（比如十二星座牌陣當中的一個宮位，或是切牌之後拿在手上的那疊牌）——剩餘其他部分的牌都可忽略不讀。

- 代表這次占卜解牌的起點（象徵牌出現之前的牌可以全部忽略不讀）。
- 代表「當下現在這個時間點」，區分過去和未來（象徵牌人物的臉所朝的那個方向，代表未來，反之則代表過去；或是，象徵牌出現之前的那些牌代表過去，象徵牌之後的牌代表未來）。

在大多數占卜牌陣中，要不要使用象徵牌是可以自由決定的，並非絕對必要。很多人其實並不希望占卜牌陣中少了這樣一張特別重要的牌。某些套牌在設計時就有額外多附上幾張牌，有的是空白牌，有些是寫著這副套牌的名稱，有些上面畫有圖案。你也可以用這些牌來作為象徵牌。比如，《喀山拉爾》（Kazanlar）這套塔羅牌就附有兩張象徵牌：一張是穿著波斯服的男性，另一張是穿著歐洲服裝的女性。在朱莉．古奇瓦特（Julie Cuccia-Watts）創作的《祖先之路塔羅牌》（Ancestral Path）當中，「愚人」這張牌就是專門設計用來代表提問者的牌。圖案中的那位愚人，她手上拿著一張塔羅牌，背後則是一面鏡子。

象徵牌代表解牌的焦點或核心。由於占卜牌陣中其他所有的牌都會將象徵牌作為解牌的主體，這或許對解牌有幫助，但也可能帶來限制，完全取決於問題的性質，以及你想要得到的資訊範圍有多廣。

舉例來說，一位三十歲的女性想要知道自己該不該回學校念書拿學位。她選擇了錢幣侍者這張牌來作為象徵牌，代表自己是一位用功的學生，而且她跟這位侍者一樣，都是黑髮和未婚。結果，她的牌陣裡出現了寶劍五和寶劍國王（代表一位批判性很強的老師，或是她內心自我批評的聲音），這兩張牌的能量似乎都壓過了錢幣侍者，代表她承受了某種壓力和負面的批判攻擊。

另一種情況是，這位女生選擇了寶劍王后作為她的象徵牌，因為她的太陽星座是天秤座，而且她也早已經不是青少年。這時，寶劍五和寶劍國王這兩張牌似乎就是代表她心理上的自我對話，她可以比較輕鬆去面對，因為這兩張牌跟她的寶劍王后勢均力敵。

理論上來說，象徵牌的選擇，會決定整個牌陣如何解讀，但如果這位女生每次都選擇錢幣侍者或寶劍王后來作為她的象徵牌，那麼她就只能挖掘到自己內在的這些面向而已。

有些占卜師的作法是，當象徵牌在整個牌陣中具有其功能性，他們才會使用象徵牌。

請思考以下這幾句話：

- 我總是用某張特定的宮廷牌來代表我自己，而且很難想到有其他人同樣符合這張牌。

- 我不想拿掉任何一張牌，因為占卜牌陣中可能會少了這張牌。
- 當我認為最能代表自己的牌隨機出現在牌陣中，我覺得這次占卜一定是想要告訴我一些特別重要的事情。
- 當我在思考自己這個人時，我主要是根據我的生理外貌。
- 當我在思考自己這個人時，我主要是看我的心理特質。
- 當我在思考自己這個人時，我主要是看我的家庭角色、社會地位，或工作職位。

你最同意哪幾句話？哪幾種情況跟你完全不符合？從你對這些問題的反應，你是否能得出結論，你想要在自己的塔羅占卜中如何選擇和使用象徵牌？

象徵牌練習

先選擇一張象徵牌來代表你自己，然後跟其他牌全部混在一起洗牌（也就是用整副七十八張牌來洗牌），而且要確定會隨機出現逆位牌。接著從最上面一張開始取牌，同時把牌翻成牌面朝上。翻到你的象徵牌時就停下來，將象徵牌出現前的那兩張牌依序橫向排成

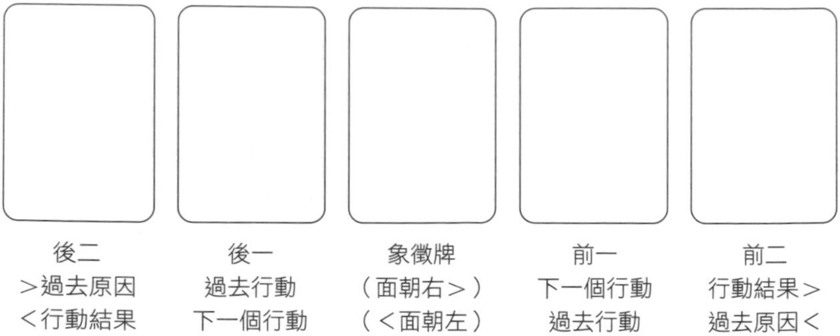

一列，接著再把象徵牌後面的兩張牌也橫向依序排開。然後看一下，象徵牌人物的臉是朝哪一個方向看（如果人面朝前而且是正位，則一律視為面朝右；如果是逆位，則視為面朝左）。最靠近象徵人物面朝方向的那張牌，代表你未來接下來的行動，離較遠的那張牌就是這個行動會帶來的結果。再看另一邊的牌，最靠近象徵人物後腦的那張牌，就是代表把你帶到現在這個結果的過去經歷，離較遠的那張牌則代表推動這件事情的原因。請參考以下圖解來做這個象徵牌練習（如果你平常沒有解讀逆位牌的習慣，也可以把象徵牌之外的牌全部當成正位來解）。

✦如何解讀一張牌

閱讀本書時，若你在解牌或遇到練習要求你描述你看到的牌面圖案，我們建議你使用以下這個方法步驟。雖然，隨著你不斷練習，你對牌面圖案重要訊息的掌握速度也會變得更快、反應也會更自動，但請務必先熟練這些解牌步驟，然後才追求速度和簡化。每一個步驟對於最後的解讀都具有不可替代的貢獻。

1. 大聲說出每張牌的標題名稱。聽起來好像很簡單，但人們有時就是會盯著一張牌不知道該說什麼，或從哪裡開始解起。
2. 根據這張牌的位階和牌組花色，想出一到三個關鍵字，或是用一句話來概述這張牌的特性。
3. 簡單描述一下這張牌——將牌面所見具體描述出來即可。不用擔心它的背後含義和解釋。事實上，儘可能愈客觀愈好。把你所看到的簡單描述出來。以偉特牌的錢幣王后為例：「一個女人坐在一張石椅上。石椅雕刻著水果和一個山羊頭。長滿紅色玫瑰花的樹枝環繞在女人頭頂上方。她穿著一件紅色長袍，裡面是一件白色內袍……。」儘可能愈具體、愈詳細愈好，不要先去假設這個人正在做什麼事，或是認定任何東西代表什麼含義。

4. 用第一人稱和現在式，把你剛才說的內容重新複述一次。「我坐在一張石椅上，這張石椅雕刻著水果和一個山羊頭。我穿著……。」這個步驟可以讓你更明確描述你對這些圖案的印象，同時檢查牌面細節，必要時也可以再添加一些內容，但更重要的是，要注意你強調的部分，因為這些部分跟你自己生活中的某些事情一定有相關，或是讓你想起自己生活中的什麼事物。

5. 接下來，描述一下，牌面中的這些人（或東西）看起來是什麼感覺、什麼心態、有什麼情緒？還有，整個環境看起來呈現出什麼情緒和氛圍？例如：「這個女人似乎看著她膝上的東西陷入沉思；雖然這是一個溫暖又晴朗的日子，但她看起來好像有點哀傷或憂愁。旁邊還有一隻兔子，看起來很調皮，什麼都不怕的樣子。」

6. 把剛才說的內容重新複述一次，這次也是用第一人稱和現在式。牌面圖案中可能不只一樣東西可以代表你。例如，你可以同時是錢幣王后裡面的那隻兔子和王后本人。「我正在沉思我膝上的這個東西。雖然這是一個溫暖晴朗的日子，但我卻感到有點哀傷和憂愁。我內在的另一部分是調皮的，什麼都不怕。」還有，當你把一件無生命的物體，甚至是周遭環境氛圍當作你自己這個人，然後用第一人稱來敘述時，又會發生什麼事？——它們究竟是你內在的一部分，還是你周遭環境的一部分？「雖然我整體看起來溫暖而開朗，但我對我手上拿的這個東西感到有點哀傷和憂愁。」

7. 將你的某些直述句變成問題（比如：「雖然整體上我感覺很好，但我最憂愁的是什麼呢？」），然後回答這些問題。

8. 根據牌面圖案發生的事情，自己編一個童話故事。想像這張牌描繪的場景就是一本兒童繪本裡的一張插圖，是整本故事書裡的一段情節。那麼，這個場景之前和之後的故事情節是什麼？你可以盡情想像，怎樣大膽古怪的情節都可以。隨便你編；你要讓這些角色做什麼事情都可以。不要思考，只要直接說出來或寫下來一個三分鐘的故事就可以了。「從前從前……」用這句話作為故事的開頭。

9. 用第一人稱和現在式，把這個故事重新說一遍。

10. 你也可以假設自己就是牌面上那個人物。儘可能愈精確描述愈好。想像一下，你就身處那個環境中。你在做什麼、想什麼、渴望什麼？你有什麼動作？你說了什麼話？這個場景讓你想起什麼人或什麼事情？

11·這一切跟你現在的生活有什麼關聯性？把你想到的任何情況都描述出來，儘可能地去做聯想。這個人真的是你嗎？還是看起來比較像你認識的某個人？你可以在以上任何一點進行這個步驟，並根據需要重複問這些問題。

如果你是幫別人解牌，你可以先描述一下這張牌，然後把你直覺認為重要的部分轉換成敘述句或是問題來問對方（問卜者）。但是，在你仔細聆聽問卜者所說的內容時，同時要試著去引導問卜者完成上述每一個步驟。當他們碰觸到某些重要關鍵時，你一定會知道。這時，就請對方多說一些細節，說得更清楚一些，以幫助問卜者更深入或更具體陳述出整件事情。如果遇到你認為問卜者應該特別注意的部分，你也可以把他（或她）說的話重複一次給對方聽。你會發現，人們往往在意識到自己所說的那些事情的意義之前，早就已經回答了他們自己的問題。

✦ 你希望別人怎樣看你

在這個練習中，你要選出一張宮廷牌來代表你希望別人如何看待你。首先，在筆記本上寫下你認爲自己已具備，而且引以自豪的人格特質，至少寫五樣。然後反思，是不是別人也同樣認同、認可、欣賞你的這些特質。如果有哪個特質對別人來說不像你自己認為的那麼明顯，請在這個特質底下畫一條線。

現在，查看十六張宮廷牌，找出最符合你上面列出的那些特質的一張牌，請特別注意你有畫線的那些特質。這張就是你的「理想我」(ideal self)牌。

把你選出的這張牌跟你自己的象徵牌和對手牌(相剋牌)比較一下(照理說，這張「理想我」牌應該要跟象徵牌和對手牌都不一樣，因為它是代表你覺得自己具備以及你覺得自己不具備的兩類特質)。你的象徵牌和你的理想我有什麼共同點？(他們是相同牌組、相同位階、相同性別嗎？)他們的不同之處又在哪裡？你的理想我是更成熟還是更年輕？你的理想我是不是跟你的對手牌具有相同特質？

想像一下，你的象徵牌跟你的理想我彼此相處互動。他們會是什麼關係？你的理想我給了你的象徵牌什麼樣的感覺——防衛、奉承諂媚、友善、不自在、競爭心很強？你的象徵牌必須做什麼樣的改變，才能變成跟你的理想我一樣？必須放棄什麼東西嗎？

回想你生活中的某件事情，如果你有機會用你的理想我去應對那件事，想像一下，你可以採取哪些具體步驟來抓住這個機會。把這件事記在筆記上，然後實際上去做做看，看會發生什麼事！

現在，思考一下，你想要培養和多多展露的正向特質是哪些？至少想出五項。這個時候，先不要列出你覺得自己可能有的負面特質（舉例來說，不要去想「我太內向害羞」，而要說「我想要更外向一點」，然後把「外向」寫下來，作為你自己想培養的一種特質）。把你認為其中最重要的兩項或三項特質畫線做記號。

1 摘自蘿倫．歐力理（Lauren O'Leary）與潔西卡．哥迪諾（Jessica Godino）共同創作的《世界精神塔羅牌》（The World Spirit Tarot），第15—16頁。

第2章

宮廷家族成員

THE COURT CARD FAMILY

我們可以藉由觀察朋友和其他人互動時面部表情和肢體語言的細微差異，從中讀到朋友和其熟識者的生命書卷。同樣道理，我們也可以透過仔細檢視塔羅宮廷牌上的圖案細節，得知這些人物的性格和人際關係，尤其是把一群宮廷人物放在一起研究時。我們可以把相同牌組的宮廷牌看成是一個自然形成的「家族」或「家庭」，一群在個性上關係緊密的人物，藉此來練習我們看人的技巧。每一種不同的套牌，都能讓我們看到不同的家族互動型態。

✦ 從宮廷牌看家族互動

現在我們就來看一套十八世紀在佛羅倫斯出版的古董套牌：《古代伊特拉里亞塔羅牌》（Minchiate Etruria Tarot）。這套牌有九十七張牌，其中大牌的張數比現代塔羅還要多，但小牌同樣是我們熟悉的五十六張，最特別的是其宮廷牌表現力非常強。這套牌當初的創作者並沒有留下所謂的「含義手冊」供我們作為解牌的依據，但卻賦予每一張宮廷牌非常不同的性格——請回想傳統上牌組和位階的關聯，注意看這些人物是如何被描繪，然後想像他們如果住在同一個屋簷下會如何互動。這裡我們會拿《古代伊特拉里亞塔羅牌》的四張聖杯牌為例來做一點研究，但這只是我們從圖面上去想像而得出的一種結論而已。如果你用不同的角度去看這些人物，可能會有不同的發現。

聖杯國王

聖杯王后

聖杯騎士

聖杯侍女

《古代伊特拉里亞塔羅牌》
（Minchiate Etruria Tarot）的四張宮廷聖杯牌

這是一個跟家人、家庭關係、情感連結等議題有關的牌組。這個牌組跟權杖牌組一家人比起來確實是比較幸福快樂，但並非完全沒有微妙的緊張和衝突。

即使是古代的塔羅套牌，某些宮廷牌人物似乎在不同套牌中個性都非常一致。最明顯有兩個人物，一個是沒有野心、像祖父般仁慈的聖杯國王，另一位是聲名狼藉、擅長操縱或利用別人的聖杯騎士。聖杯宮廷人物也往往帶有一種享樂主義的氣味，尤其是男性聖杯。

聖杯國王

他根本就是個聖誕老人，臉上表情充滿關懷之情，身體也顯示出同理包容的姿態。作為一位跟愛情和家庭事務議題有關的權威人物，他的角色既不複雜也不繁重。他總是給人善意的支持，表現出如父親般的儀式行為，還會把他最愛的兒時故事講給孫子孫女聽。一般家庭生活中所需的「權威人物」，頂多大概就是像這樣了。他的空閒時間很多，致力於各種物質享受：葡萄酒、音樂、跟人聊天，甚至還喜歡花草園藝或照顧貓貓和狗狗。他可能是四位宮廷國王當中個性最被動無野心、最溫和、對人最友善的一個——遠遠超過偉特牌對聖杯國王的描繪。

他是仁慈的長者，是富有同情心的諮商師，是無限寬容的父母，要不然就是退休老人，享受著悠閒的生活。

聖杯王后

在許多塔羅套牌中，聖杯王后都是愛的源泉：純潔、奉獻，有非常強的同理心和直覺力。在這副牌中，聖杯王后的姿態看起來似乎比較主動積極。她是家裡的女主人、管理者、掌家的人，可能還有點愛管閒事。國王無事可做，除了含飴弄孫；王后則肩負重責大任，處理一切日常事宜，讓家務順利運作。她不斷對僕人發號施令，確保沒有任何一位家庭成員不守規距或破壞一個幸福家庭的表象。我們很好奇，她會不會把自己逼得太緊，甚至超過了自己的能力極限，但她似乎精力無窮，而且對於自己能夠維繫好家人的關係感到自豪。她是透過指派別人做事，以及把密密麻麻各種行為要求強加別人身上，要別人照著她的話行事，來維持她的理智穩健。

她是掌家的人，呵護陪伴家裡的每一個成員，安排一切大小事，制定家規。她也是整個家安定平順的根源，因為她會負責調解家人之間的衝突，化解緊張氣氛。

聖杯騎士

《古代伊特拉里亞塔羅》這副牌當中有好幾張牌的圖案非常有意思，聖杯騎士就是其中一張。他的上半身是一個男人，下半身卻是半獅半鷲的海怪格里芬（Griffin）。他一手指著杯子，一臉天真無辜的樣子。大海怪格里芬似乎在紋章學（heraldry）中比在文學中更受歡迎，而且幾乎很難找到有文獻記載他是什麼樣個性的怪獸（不過，有資料說，格里芬的爪子可以賣錢，因為它可以測試東西有無含毒。所以，要喝下他手上那杯東西之前，請務必三思）。

如果騎士代表我們的野蠻本性對於文明人性領域的入侵，那麼這張聖杯騎士圖真的就像一座寶庫，讓我們看到自己內心隱藏了多少欲望。他身上的那對翅膀，暗示著他有辦法透過詩歌和藝術來飛翔和表達情緒感受，也代表對於愛情的狂喜癡迷。他的身體和爪子代表世俗、貪婪、強壯。他的占有欲極強，而且敢於大膽侵略。彎曲的尾巴暗示著潛意識的陰暗深處、內心滿滿的騷動不安，以及難以言喻的需求渴望。這些，全都強烈表現出我們內在的動物性欲望，渴望與他人建立關係的內心需求。跟這些動物性特徵比起來，他的人性部分幾乎不值一提，充其量，只是戴著一種表面文明的人格面具而已。

毫無疑問，這個騎士的存在對聖杯王后來說實在太過難堪了，她居然生下這個會去掠奪別人情感的怪物。在王后面前，他總是低三下四、極盡諂媚之能事，但這只是讓王后更加為難，因為他的雙面性格讓王后根本無法掌控。

他就像一個守門人，看守著人心當中對於情感的癡迷欲望、對於藝術和創造力的激烈情感，以及對於人際關係的占有和操縱。他象徵人心的另一個極端：色慾、嫉妒以及絕望。

聖杯侍女[1]

這個年輕的女孩是一名女僕，但顯然是工作過度了。每次女王有所吩咐，總是交給女僕去做。當國王喝得醉醺醺熟睡之際，女僕就要負責打掃清潔工作，她還要幫忙掩護騎士的那些過分行為，還得負責煮食、餵飽家中每一個人的肚子。就算做這麼多事，她也沒有得到什麼贊賞。王后是個完美主義者，總是擔心這個家光鮮亮麗的形象會出現裂痕——而女僕從來沒達到過她的期望。儘管如此，她的全心全意服侍仍是維持家中正常運作的重要因素。可惜的是，她實在太忙了，卻完全沒拿到任何好處！

長大成人：以一個占卜牌陣為例

以下就用一個牌陣為例，來說明如何用塔羅牌來做人生回顧，這不是為了預測未來，而是讓我們能夠更看清楚過去。它對於重新審視我們的童年困境和早年家庭生活的問題特別有用。先找出一張宮廷牌來代表「現在的你」。你可以直接用你在本書開頭〈前言〉或〈第一章〉裡選擇的那張象徵牌，或另外選一張也可以。以這個牌陣來說，這裡比較適合用「成熟」的宮廷人物（王后或國王）來代表現在的你。接著，選第二張牌來代表「兒童時期的你」。侍者牌或騎士牌都很適合。你選的這兩張牌可能屬於同一牌組，也可能不同牌組。將這兩張牌分別放在牌陣的陣位1（代表兒童時期的自己）和陣位5（代表現在的自己），然後將剩餘的牌洗牌。

然後取牌、發牌，擺在陣位2、3和4。

- 陣位2代表觸發或激發你邁向成熟的那個關鍵因素：可能是某件事情或某個人，促使你脫離童年，找到長大成人的自己。
- 陣位3代表你成長過程的核心問題：你必須去克服和接受某個現實，來成就現在的你。如果在這個位置出現了宮廷牌，那就是代表你成長過程的一個中間階段，一個你為了脫離童年而必須努力扮演的人格角色。

- 陣位4代表另一種發展的可能性，如果你在面對陣位3的問題時做出了不同選擇，你後來的人生發展方向可能會完全不一樣。

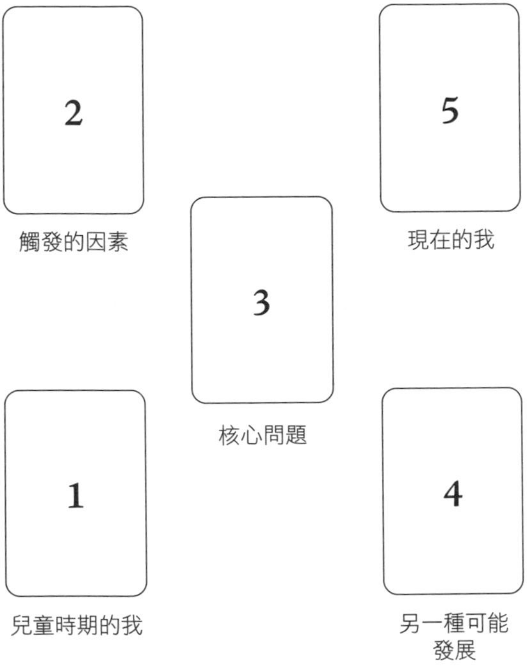

「長大成人」這件事，並不是在青春期發生之後就結束了；這個牌陣可以讓你清楚看到你後來的人生發生了什麼樣的轉變，甚至，那個轉變到現在還在進行。你也可以試著用這個牌陣來了解你自己的父母親，看看他們是如何「長大」的——因為我們總是以為父母親一直都是大人（宮廷牌中的王后和國王），卻忘記了他們也曾經是小孩子。

偉特和托特的宮廷牌系統

不同的塔羅套牌使用的家庭模型也不一樣，畢竟人與人的關係和角色樣態非常多，同樣都需要關注，也有可能是為了符合形上學的知識系統。

在十九世紀後期，黃金黎明協會不僅將元素與牌組做了對應連結，也將元素和人物位階做出對應。侍者是代表具體成果的土，王后是情感豐富的水。騎著馬的騎士則是充滿動力和原始力量的火。不過，由於火和水是基本元素，這意謂著騎士和王后是天生一對。騎士晉升為國王的位階，而原本的國王被降階為兒子或王子，並對應風元素。侍者變成了女兒，標題名稱是公主，以達到性別平衡的理想。

亞瑟・愛德華・偉特（與畫家潘蜜拉・柯爾曼・史密斯夫人共同創作了《偉特牌》）和艾利斯特・克勞利（與畫家佛瑞妲・哈利斯夫人共同創作了《托特牌》）兩人都是黃金黎明協會的成員。偉特遵循標準的塔羅傳統，以國王作為宮廷牌中位階最高的一張牌。克勞利雖然也遵從黃金黎明的系統，但以「騎士」這個位階名稱作為王后的配偶，騎士因而成為托特宮廷牌中位階最高的一張牌，原本的國王則降階為王子。這個差異基本上也代表了一種完全不同的世界觀。偉特牌所使用的傳統系統中，位高權重的國王是至高無上的。但對克勞利來說，擁有無限活力（和性）能量的騎士才是最重要的。在後面章節我們會更深入討論這種截然不同的觀點。本書後面章節討論到宮廷牌的位階和元素的關聯對應時，我們做了一個簡要的假設：王后的配偶就是對應火元素（無論名稱是叫作騎士、國王或其他）。不過，有很多塔羅牌的創作者（包括偉特牌）並沒有明確說明這種對應關係，因此若要做其他不同解釋也是有可能的。

用國王、王后、騎士和侍者作為宮廷人物名稱的套牌（比如《馬賽牌》和《偉特牌》），其家庭互動模式又是什麼模樣呢？這樣的位階分級在歐洲封建時期的王室相當常見；因為當時整個社會就是重男輕女。國王從自己的父親那裡繼承領土之後，成為至高無上的統治者。他的配偶，也就是王后，可能是為了穩固政治盟邦、鞏固領地，或是因為可以生出一個強壯的兒子和王位繼承人而嫁入這個王室家庭。騎士可能只是國王的軍事將領或雄心勃勃的年輕封臣，但也可能是國王的兒子和王位繼承人，得在競技和戰鬥中證明自己的實力。他可能精力充沛又個性叛逆，但他的叛逆單純被認為是「年輕人精力旺盛」而已，等到他冒夠了險，總有一天終究要卸下馬鞍、繼承他父親的王位，成為這個國家現狀的象徵與掌權者。侍者則是這個王室家族裡的僕人或他們收養的孩子，可能與他們沒有任何血緣關係，但仍跟他們生活在一起，服侍他們一切生活所需。

這種家族模式，有很多元素至今仍深植根於我們西方人的文化裡。即使我們不是出身傳統家庭，也不是用專制思想來教養兒女，但父親的形象依然像是一個「城堡主人」，而且，從父親到母親到青少年到孩子身上確實有一條明顯的指揮鏈存在，到今天，這種文化期待和個人反應依然深深影響著我們。

而在《托特牌》中，這個家族中的夫婦是騎士和王后，他們的兒子和女兒分別被稱為王子和公主。黃金黎明學派將國王這個位階指派給一個騎馬的人，原本的國王則改稱為王子（或帝王），並將他們描繪成一個駕著戰車的人。克勞利所做的這種變形，其概念其實是來自父權制度出現之前的歐洲和埃及的異教文化，以下略做說明。

很早很早以前，社會聚落彼此相隔遙遠，結果變成只能近親繁殖，男子的生育力因此大大下降。在當時，統治者經常被視為高高在上的神，他們的健康跟整個國家社會的健全強大與否直接息息相關。一旦國王年老之後失去生育力，或因受傷而不孕（比如聖杯傳說當中那位負傷的費雪國王），轄內土地就會乾涸成為荒地，要不然就是國王根本無力打敗入侵的凶猛怪物。因此，王室需要新血（和新的遺傳基因）來重振雄風，而能夠傳承這個血統的人，就是王后。當一位陌生騎士騎馬進城，首先得面臨力量和智慧的考驗。他必須打敗怪龍或人面獅身怪獸、解開謎題、拯救少女，或是獲得稀有寶物。他的行動往往會導致老國王死亡。如果能成功完成任務，他就能順利跟王后成親，若是生下兒子，就成為王子，接受訓練以繼承王位。如果生下女兒，就成為公主，代表該國子民強大的繁殖潛力以及王室血統延續的保證，同時由其母后坐上王位，成為王室或領地的代表人物。

由此看來，托特塔羅這個系統呈現的是一個截然不同的家庭互動型態，其中，男人是透過女人的關係而擁有領導和統治權，女人則代表領地及其子民的血統和主權。托特系統的騎士比傳統塔羅的騎士力量更強大，也更有能力，他具備傳統國王的多項特質，但同時也擁有傳統騎士的充沛活力與動能。騎士必須證明自己值得進入王室去傳承血脈，諷刺的是，這剛好跟封建制度女性嫁入父權家族去傳承王室血統完全相反，轉而變成了童話和民間故事所流傳的母權制社會。而實際的統治事業，在封建時代的塔羅牌是指派給國王，代表至高無上的權威，而在托特牌中是指派給王子。跟騎士的英雄行徑與性能力比起來，統治權變成一種次要的價值。在托特牌中，王子（克勞利也稱之為「皇帝」）做什麼事都是由他的父親和母親來決定的。托特牌的公主則完全展現了陰性能量的潛力，不像傳統侍者那般幼稚屈從。從某個角度來說，公主其實是四位宮廷人物當中最重要的一個，因為她代表著永存和延續。透過她，王室血脈才能延續到下一代，整個王國也因此得以續存。因此，在托特塔羅系統中，每一位宮廷人物都各自執掌一項獨特且關鍵性的權力，整個系統就在男女角色的互補作用下保持著一種動態平衡。

有一件事很重要必須知道，托特系統與偉特系統的差別，並非僅在宮廷牌的名稱，而是在於宮廷人物之間的互動關係。因此，如果要將一個系統的哪一張宮廷牌等同於另一個系統的哪一張牌，以此來表示他們完全相同，那絕對是不可能的事。

我們在第一章中曾經提到，有些套牌使用了長者、精神領袖，甚至抽象概念，將宮廷牌家族的含義予以擴大。核心家庭的概念其實只是解讀塔羅宮廷牌的其中一種方法。現代家庭往往並不符合父親／母親／兒子／女兒這樣的模型。很多家庭根本沒有孩子。單親、同性婚姻、伴侶關係，甚至承擔傳統父母角色的祖父母也很多。以下是一個有趣的練習，可以藉此思考，如果要從你自己的家庭中找出宮廷牌人物（你從小長大的家庭或現在自組的家庭皆可），那會是什麼樣子。

✦ 練習：家中的宮廷人物

從你的塔羅牌把其中一組宮廷牌取出來（任何一個牌組都可以，隨你喜歡），把這四張牌擺在你面前。

- 注意他們的年齡、外貌特徵、舉止行為、面部表情，以及肢體語言。
- 想像他們是一家人。他們會如何對待彼此？
- 作為一個團隊，他們算是運作良好嗎？還是有什麼問題？
- 你看得出來這個家庭是誰負責掌家嗎？這個人是怎麼掌家的？
- 這個家庭中有沒有代罪羔羊或害群之馬？
- 如果有牌可以對應國王和王后，你能看出他們兩人的關係如何嗎？他們之間是靠什麼達到權力平衡？

- 如果有騎士或王子牌，他是他們的兒子，還是他們的附庸封臣？
- 如果有侍者或公主牌，她（或他）是一個順從的人嗎？是家中的成員，還是不是？
- 你是否看得出來，這群人有沒有「集體人格」？
- 如果你跟他們是同一個世界的人，對於這樣一群人，你的感覺是什麼？

不需要太深入針對每一張牌去做冥想，只要以你腦中的「第一印象」來判斷即可。試著把你之前對於這些牌的經驗和知識都先暫時擺在一邊，單純將他們當作是人物照片來看就好。想像一下，這些人如果出現在電視連續劇或童話故事中，會是什麼樣子。答案沒有對錯。把你對這個「家庭」的描述寫下來就好。

✦ 塔羅的四組牌群

在一副塔羅牌裡面，宮廷牌跟其他牌到底有什麼不同？一副七十八張牌的塔羅，包含了四組不同牌群（segments）或牌模（modes），每一個分組牌群在占卜解牌上都各有其獨特功能。你只要從這四大牌群中各抽出一張牌，就能發現這四種牌在你的生活中如何運作，同時，也能了解它們在占卜解牌上如何發揮獨特作用。

宮廷牌

這組牌負責回答「誰／who？」這類問題。它們顯示的是你自己（或別人）內在的其他不同面向，每一個人的內在都有十六個次人格（也就是所謂的人格面具和性格角色）。你會做出什麼舉動？你扮演著什麼角色？就是這組牌可以回答的問題。

小阿爾克那數字牌（二到十）

這組牌負責回答「發生什麼事／what？」這類問題。它們描述的是那個「誰」所處的情境狀況。發生了什麼事？那個「誰」用什麼方式面對這件事？

大阿爾克那牌

這些牌負責回答「為什麼／why？」這類問題。它們描述的是你在這個情況下需要學習的課題，以及需要表現出來的原型能量。這些牌能告訴你「為什麼／why」是「這個人／who」「遇到這件事／what」。大阿爾克那牌也可以被看作是（事情運作的）原理、法則，以及我們內在心理精神上的需要。

王牌（一號牌）

雖然王牌／一號牌（aces）也可以看作是數字牌，但這組牌還有其特殊作用。它們負責回答「在哪些方面／where？」這類問題。它們可以顯示出，是哪一個元素所對應的領域、作用範圍對你影響最大。十九世紀法國魔法師伊萊．列維（Eliphas Lévi）生動描述了四張王牌各自代表的意義：「錢幣王牌是凡塵俗世之靈魂；寶劍王牌是好戰者之心；聖杯王牌是慈愛者之智；權杖王牌是創造力之慧；它們是行動、進步、繁殖力，以及權勢力量的更深層法則。」2

四種牌組成的牌陣

將你的塔羅牌分成四疊：

1．十六張宮廷牌
2．三十六張數字牌
3．二十二張大阿爾克那牌
4．四張王牌

將每一疊牌都牌面朝下洗牌，然後從每一疊牌中隨機抽出一張牌，將四張牌橫向排開。現在，我們就從兩個不同方向來解讀這些牌，以下分兩段來說明。

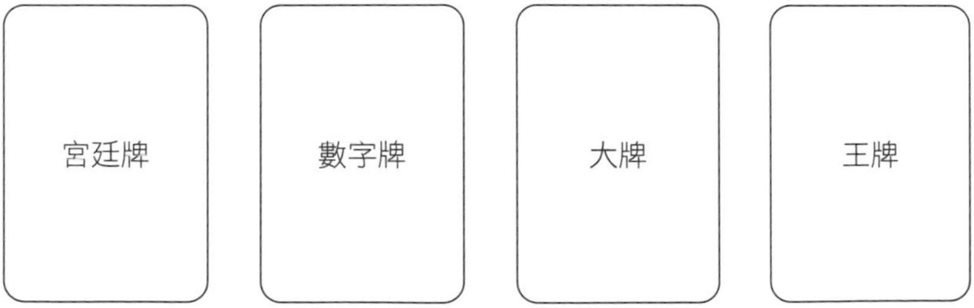

我發生什麼事？

- 宮廷牌代表「某人／who」。它會告訴你，你的行為舉止可能像誰。把你在這張牌看到的人物類型描述出來。
- 小阿爾克那數字牌代表「事情狀況／what」。它會告訴你「這個某人」是處在什麼情況。描述一下這個情境狀態，以及「這位某人」在此情況下「做了什麼事」。如果可以的話，請儘量用動詞來描述。
- 大阿爾克那牌代表「事情發生原因／why」。它告訴你，為什麼「這個某人」需要「做出那件事」。描述一下，你內在需要表現出來的原型能量是什麼。
- 王牌代表「哪些部分或層面／where」。它告訴你這些事情是發生在意識內哪個元素領域的作用範圍。描述一下，「這個某人」被「事情發生原因」影響的意識元素領域或範圍。

如何以對你最有利的角度來面對這件事？

接下來，是關於如何處理這個情況的建議，同樣是這四張牌，但是以不同的順序和不同的角度來解讀。它會讓你看到完全不同的東西，而且也能激勵你發揮自己的力量，換個角度，把這件事情可能對你造成的影響，轉成你可以學習的功課，你可以做出不同選擇，讓自己獲得重要的生活技能。

請完成下整段敘述句，並在括號中寫出那張牌的名稱

- 「這張（王牌），顯示出受到影響的是我的……（描述影響範圍），
- 「我可以用（大阿爾克那牌）的……屬性特質來面對（描述你在這張牌中看到的最佳特質），
- 「（數字牌）這個情況，代表我渴望……（描述你自己陷入在什麼狀況中），
- 「就像（宮廷牌）一樣，這個人……（描述你內在選擇了去經歷這件事的那個性格面向）。」

進一步解讀

這個牌陣中有三張牌是帶有牌組花色和元素對應的牌。關於元素質性組合／元素權重（elemental dignities）的部分，請參考第六章，你會從中得到更多想法來解讀這個牌陣。

1 這副牌中的「侍女」，義大利文是fantine，意思就是女僕。
2 摘自伊萊・列維（Eliphas Lévi）《玄妙魔法》（Transcendental Magic），第393頁。

第3章

社會中的宮廷人物

THE COURT IN SOCIETY

不像大阿爾克那牌是單獨被發明出來的，宮廷牌與一般撲克牌中的人面牌在早期有著共同的發展歷史。塔羅牌的二十二張大祕牌，是在歐洲最早的遊戲紙牌問世之後至少五十年才出現的。因此，若要了解宮廷牌的原始含義，先認識撲克牌的發展歷史，以及它如何進入十五世紀的義大利成為塔羅牌的一部分，會很有幫助。

雖然我們今天使用的大多數紙牌圖案樣式都帶有歐洲風，但事實上，遊戲牌的起源是在亞洲。西方的遊戲撲克牌最早可能是來自古中國的遊戲紙牌，早年隨著蒙古征服者一起橫越波斯，最後在十四世紀抵達西歐。這種遊戲骨牌（domino cards），據載最早可能源自西元969年遼穆宗跟他的后妃玩的那種遊戲牌。古中國遊戲骨牌的張數，剛好對應兩顆骰子擲出的點數，共有二十一種可能結果（如果是三顆骰子就有五十六種可能）。中國人還發明一種稱為「馬吊牌」的錢幣牌（money cards），包含四種花色：文錢、索子、萬貫、十萬貫。有些遊戲紙牌還包含了三種名為「老千」、「紅花」以及「白花」的特殊牌，牌面有時還繪有重要歷史人物的畫像圖案。紅花牌則通常會畫著一位男性人物，上面寫著中國字「某某王」，「王」這個字除了是姓氏，也是「皇帝」的意思。

西元十一世紀，一支名為塞爾柱（Seljuks）的游牧部落，從今天的哈薩克一帶往西走，征服了波斯以及小亞細亞和北非的部分地區。到了十三世紀，偉大的蒙古領袖成吉思汗和他的孫子忽必烈更將這個帝國往東擴展到中國。透過中國和波斯的這種聯繫，遊戲紙牌可能就在十三至十四世紀之間首先傳入波斯，而且可能同樣因此傳到印度。這種牌陣鏈很明顯可以從紙牌遊戲的名稱看出：印度紙牌叫作 Ganjifa，在波斯稱為 Ganjifeh，在阿拉伯國家和埃及則叫作 Kanjifah（譯音全都類似「甘吉發」）。

蒙古帝國的統治者由於害怕有人造反，於是養了一支奴隸兵團，這些奴隸主要是來自信仰基督宗教的土耳其青少年。他們被迫改信伊斯蘭教，並送往北非海岸去打仗。這支兵團就稱為馬穆魯克（Mamlūks），意思是「被制服的人」。西元1250年，馬穆魯克推翻埃及薩拉丁的蒙古／埃宥比王朝，並統治到1517年。

西元1400年，馬穆魯克人創造了一種遊戲紙牌（撲克牌），整副牌共有五十二張，分為四種花色：劍、馬球棍、杯子，以及錢幣，編號從一到十，外加三張宮廷牌：malik（「國王」）、na'ib（「總督或丞相」）以及 thani na'ib（「副丞相」或「下級丞相」，在當時的伊斯蘭領地，這並不是一個實際的職位官銜）。na'ib 這個字顯然就是代表撲克牌的通稱，因為跟當時西班牙和義大利的撲克牌名稱一樣（在西班牙稱為 naipes，在義大利稱為 naibbe 或 naibi）。我們可以推測，當時的撲克牌被認為是一種「丞相遊戲」（Game of Deputies）。馬穆魯克人很可能把這些紙牌從波斯帶了出來。隨後藉由西班牙在1492年之前一直統治著半島大部分地區的摩爾人的豐富文化，進入以基督信仰為主的歐洲。目前我們所發現最早的歐洲撲克牌和紙牌製作者，就是來自西班牙的加泰隆尼亞。而 naip（撲克牌）這個單詞也出現在1371年的加泰隆尼亞語的歌韻辭典裡。1377至1379年間，一些關於遊戲紙牌的資料突然出現在西歐許多城市的文獻記錄中，而且經常用「新來的」或「一種新遊戲」這樣的名稱來描述之。

歐洲人很快就將他們自己的文化反映在馬穆魯克紙牌的設計上。波斯人的 jawkân／馬球棍對歐洲人來說並不熟悉，因為他們不打馬球，但波斯人則將這種運動稱為「國王的運動」。在義大利，這些牌的圖形和貴族意涵被保留了下來，只是名稱改為 bastoni（可能是一種官方的儀式指揮棒）。在西班牙，則被降階成 bastos 或 cudgels（棍子），這種改變可能是為了進一步去除設計原意而採用的變化。

波斯和馬穆魯克的宮廷牌上並沒有人像圖案，因那會違

牌組名稱

中國	波斯／馬穆魯克	義大利	西班牙
文錢	darâhim（錢幣）	denari（錢幣）	oros（錢幣）
索子	jawkân（馬球棍）	bastoni（棒子）	bastos（棍子）
萬貫	tûmân（金片）	coppe（杯）	copas（杯）
十萬貫	sujûf（劍）	spade（劍）	espadas（劍）

反伊斯蘭的律法，所以只出現精美的紋飾圖案，上面寫著宮廷牌的標題。但是在基督宗教為主的歐洲，這些圖案都被換掉了，變成大家熟悉的三位封建軍事階級的男性人物：一個是頭戴王冠坐在寶座上的國王、一個是騎在馬上的騎士、一個是站立的步兵（義大利牌稱為 fante）或僕人（法國牌稱為 valet）。這些宮廷人物牌至今仍可以在西班牙和義大利的遊戲紙牌中看到。

到了1400年代初期，法國、德國和義大利的紙牌製造商開始嘗試不同的牌組花色和宮廷牌人物。有時候會出現王后，用來取代騎士或國王。我們熟悉的現代撲克牌裡面的國王、王后和傑克，都是十五世紀法國此類創新想法的產物。

雖然在當時的伊斯蘭和基督教文化中，每一種牌組花色數字牌（從一號到十號）的象徵含義對使用者來說並不明確，但很明顯，宮廷牌背後的基本概念就是政治上或社會上的地位階級，國王通常是位階最高的人物，國王以下的人物，則是根據紙牌的製造商和使用者所在的地區，不同的社會階級制度而有不同的人物選擇。

大約同此時期，多了其他象徵符號圖案之將牌（triumph cards，譯注：大阿爾克那牌的別稱）的塔羅套牌，開始出現在義大利北部。在貴族使用的各種手繪套牌中，宮廷牌的張數和人物性別都不太一樣，有些套牌的宮廷牌甚至多達六張，而且男女人物各半。先不論這類較不一樣的套牌，大多數早期塔羅牌的宮廷人物大概都是四個位階：國王、王后、騎士和步兵。雖然王后在現代撲克牌裡面是大家熟悉的人物圖案，反而騎士似乎不那麼常見，但一定要記得，全世界第一副塔羅牌問世，是在十五世紀的義大利，在當時，相對於大眾熟悉的全男性宮廷人物來說，王后反而是「多出來」的。

沒有任何文獻記錄能夠準確地告訴我們，第一張將牌（也就是今天我們所稱的塔羅牌）究竟是在何時、何地、由什麼人、為了什麼原因而製作出來的。不過，就我們今日所知，現存最古老的塔羅牌，是專為米蘭的貴族王室所設計製作的。這個全新的遊戲，以及用來玩這套遊戲的華麗手繪金箔裝飾紙牌，最初被稱為 trionfi（意思是「勝利之牌」或「將牌」），到了1516年則改稱為 tarocchi ／塔羅奇——這個名稱至今在義大利仍然有人使用。

塔羅可能是從跟宇宙學及寓言有關的遊戲，以及文藝復興象徵傳統中的「記憶之術」（art-of-memory teachings）誕生出來的。在這樣的宇宙觀裡，每一個狀態或階段都以某種階級順序戰勝先前的狀態，從最卑微的人物邁向世界牌中的上帝之身（世界牌描繪的就是復興後的耶路撒冷聖地、天堂，或萬物圓滿合一的境界）。

我們有理由相信，塔羅將牌的誕生最初應該就是宮廷牌本身的啟發。在十五世紀，有一套名為《蔓特格納塔羅奇》（Tarocchi del Mantegna）的類塔羅系列版畫，五十幅圖案中就有十幅是描繪歐洲社會的各個階級，包括：乞丐、僕人、工匠、商人、紳士、騎士、公爵、國王、皇帝，最後是教皇。這系列圖像有點像是將宮廷牌人物與較低階的將牌人物做了系統化的結合，但並不包含王后、皇后、女教皇等這些女性人物在內（乞丐讓人想到塔羅的愚人牌，工匠則跟早期套牌中的 Bagatto／魔術師非常類似）。《蔓特格納塔羅奇》裡的高階牌有些也與塔羅將牌相互對應，比如，兩種牌同樣都有堅毅牌（力量牌）、節制牌，以及正義牌，也同樣都有太陽牌、月亮牌和星星牌，而最高階的「根本動機與第一因」這張牌，也可對應塔羅的「世界牌」。

我們不妨試著想像，在十五世紀初的義大利，有一位或一群相當有創意的人，他們看到新近流行的撲克牌遊戲當中出現了描繪社會階級制度縮影的宮廷牌人物，覺得非常有趣，於是他們在想，如果讓這套牌變得更豐富一點，把比國王更大的權力者也放進這套牌裡，那會是什麼樣子。比如加入同樣是凡人身分的皇帝和教皇，然後在這些人之上還有更強大的宇宙力量：愛、死亡、惡魔、基督美德、太陽和月亮，最終極的力量則是上帝本身。這種帶有隱喻意涵的階級制度，在當時早已為一般大眾所熟悉。義大利詩人佩脫拉克（Petrarch）的十四行詩《凱旋》（Trionfi）就描述到，愛、貞潔、死亡、名譽、時間、永恆此一勝利進程，乃是大眾通俗文化的中流砥柱。此外，《啟示錄》（Book of Revelation）當中描述到未來世界的發展次第，也與塔羅牌後半部分相互對應。

到了我們這個時代，因為倡導平等主義，我們的角度也隨之改變，認為塔羅的每一張牌都同等重要，也具有同等深刻的意涵。然而，文藝復興時期的義大利，是一個文化階級制度非常明顯的社會，哲學上也強調從低到高、從人到神、從世俗到天堂的階級演化的進程。如果這些紙牌早期的創作者和使用者，是將宮廷牌看成是社會及其階級制度的縮影，那麼他們很可能也是把「將牌」視為此一概念的再擴大，除了凡塵俗世之外，也將宇宙力量涵蓋進來。

雖然我們沒有直接的證據可以清楚知道，最早的塔羅牌設計者究竟是抱持什麼樣的想法，但若按照上述理路來思考，或許我們會對宮廷牌和大阿爾克那牌之間的關係有一個嶄新認識。儘管我們已經不是活在封建制度的世界，但我們還是可以看到我們的社會中存在著一套角色概念：父母親、藝術家、勞動者、教育家、管理者、科學家、宗教領袖、技術人員等等，角色多達數百種。這些角色以及扮演這些角色的個人，都是我們生命經驗中的重要元素，而塔羅宮廷牌剛好可以讓我們更清楚認識這些角色。

✦ 撲克牌中的歷史人物

玩撲克牌時，我們總是習慣只看人頭牌的花色和點數等級，認為那個人頭只是一個沒有名字人像圖案而已。但是，在歐洲卻有一個悠久的傳統，他們會將每一張人頭牌跟歷史上或傳說中的人物做連結。

1460年，義大利的馬泰奧．馬里亞．博亞爾多伯爵（Matteo Maria Boiardo, 1441–1494）在一系列詩歌中提到一副非常特別的「勝利之牌」（trionfi cards），這組詩歌包含了兩組十四行詩和七十八組三行韻句，每一首詩都描述了一張塔羅奇（這部作品直到1523年才首度以選集形式出版問世）。詩裡提到的四個牌組花色分別是愛（飛鏢）、希望（花瓶）、嫉妒（眼睛）和恐懼（鞭子）。「好牌」（愛與希望牌組）有分等級，依序從十號到一號，而「壞牌」（恐懼和嫉妒牌組）排序剛好相反，「因為愛和希望愈多愈好，而嫉妒和恐懼則是愈少愈好」。這套牌跟典型塔羅的關聯對應是：愛（飛鏢）對應聖杯牌，希望（花瓶）對應錢幣牌，嫉妒（眼睛）對應權杖牌，恐懼（鞭子）對應寶劍牌。但在典型的塔羅遊戲版本中，錢幣和聖杯是以一號牌等級最高，十號牌等級最低。

在十五世紀後期，法國出現了一個慣例，開始將宮廷牌與古典和中世紀歷史人物（比如亞歷山大大帝和查理曼大帝）連結起來。直到今日，我們依然可以在法國和義大利某些地區使用的撲克牌上看到這些人物的名字。以下這張圖表，列出了博亞爾多的詩歌，以及1750年印在英格蘭撲克牌上的標題與說明文，文字內容是摘自貝納姆（W. Gurney Benham）的著作《撲克牌：其歷史與祕密》（Playing Cards: Their History and Secrets）。請注意，有括號標示的牌是標準撲克牌中沒有的。

宮廷牌人物

	博亞爾多（1460）	法文牌（15世紀晚期）	英文牌（1750）
權杖侍從	百眼巨人阿格斯	蘭斯洛特（之後是亞瑟或猶大・馬加比，帶領猶太反抗軍對抗敘利亞人）。	「矛盾」
聖杯侍從	獨眼巨人波呂斐摩斯（因為他愛葛拉蒂亞）	拉海爾（艾蒂安・德・維尼奧勒，一名雇傭兵同時也是聖女貞德的擁護者）。之後是特洛伊的帕里斯或居普良（阿芙蘿黛蒂的羅馬追隨者）。	「狡猾的男僕」
寶劍侍從	法涅斯	奧吉爾（查理大帝的十二聖騎士之一；擁有兩把著名寶劍）或朗納特（也是查理大帝的十二聖騎士之一）。	「淘氣胡鬧的男僕」
錢幣侍從	獨眼英雄霍拉蒂厄斯・科克勒斯（以其英勇著稱）	羅蘭／奧蘭多（羅蘭之歌裡的英雄人物）。之後是赫克特（古希臘英雄形象的化身，在特洛伊被阿喀琉斯殺死）。	「牧羊人傑克」

	博亞爾多（1460）	法文牌（15世紀晚期）	英文牌（1750）
〔權杖騎士〕	圖努斯（為了爭奪未婚妻拉維尼亞而與埃涅阿斯交戰）		
〔聖杯騎士〕	帕里斯（特洛伊之海倫的愛人）		
〔寶劍騎士〕	托勒密（古埃及王朝第十四世統治者的名字）		
〔錢幣騎士〕	伊亞遜王子（克服一切困難最後獲得金羊毛）		
權杖王后	茱諾（羅馬女神，她的象徵物孔雀代表美麗和嫉妒）	弗洛里佩斯；美麗的盧克雷斯（可能是盧克雷齊亞．波吉亞）。之後是阿金妮／Argine，是Regina這個字（拉丁文的女王之意）的猜字謎變體，也就是指伊莉莎白女王一世。	「誘惑人的妖精」
聖杯王后	維納斯（坐在一輛天鵝拉的車子上）	朱迪思（查理大帝的媳婦）或是將赫羅弗尼斯斬首的友蒂德。之後是美麗的海倫（特洛伊的海倫）。	「美麗的小偷」
寶劍王后	安朵美達（被拴在海邊岩石上準備獻給海怪，最後被柏修斯救出）	帕拉斯（智慧女神雅典娜）。之後是聖女貞德。	「破碎的心」
錢幣王后	伯圖里亞的友蒂德（殺掉侵略者的將軍赫羅弗尼斯）		「愛人的寶貝」
權杖國王	伏爾甘（因為他嫉妒瑪爾斯和維納斯兩人的戀情）		「奧利弗．蘭特爵士」
聖杯國王	邱比特（因為他是愛情的征服者）		
寶劍國王	狄奧尼修斯		「邱比特的無用飛箭」
錢幣國王	埃涅阿斯（因為他從特洛伊逃到義大利的途中始終抱持著希望）		「真正的愛人」

在宮廷牌的世界遊歷穿梭

這是一個冥想練習，可以讓宮廷牌變成真實社會和地理環境中的活生生人物。

特別是在早期的套牌中，四種花色可能被認為分別代表四個王國的徽章，跟每個王國自己的王室成員一起出現在宮廷牌圖案上。我們可以進一步將這個意象擴大，想像這四個小王國一起組成一個「塔羅世界」，這四個小王國受到一個更大帝國（皇帝／皇后）和教會（教皇／教皇）的權威統治。想像有一座帝國首都作為這個世界的中心點，四個王國分據四個方位圍繞其外。看一下你手上這套牌的宮廷牌圖案，想像一下它們所在世界的地理景觀（如果牌面上沒有出現太多景觀畫面，可以想像一下這些宮廷人物出現在住家的哪一個地方）。聖杯王國是在沿海地帶嗎？權杖王國是在燥熱的沙漠裡嗎？也可以像托爾金的《魔戒》那樣去想像這四個世界。某些較現代的套牌可能無法適用王國的概念，但可以用其他的地理關聯——比如部落、社區鄰里，或是小村莊。如果你想像力非常豐富，也不妨繪製一張你眼中看到的塔羅世界地圖。

先把其中一個牌組的宮廷牌拿出來，可以選你最清楚感應到他們所在地理場域的牌組。看著每一張牌，問自己以下問題：

- 此人可能出現在什麼地方？
- 此人在社會中扮演什麼角色？
- 此人擔負了什麼責任？
- 此人平常都做什麼娛樂消遣？
- 當地人如何看待這個人？

冥想前先預作準備，想一下你想要知道或想要擁有的東西，最好是抽象的心靈品質，比如你想要「內心平靜」或「理財敏銳度」。現在，觀想一件實物，一件可以象徵這種心靈品質的實體物件，但要跟你手上這副牌的文化氛圍相符。（舉例來說，以傳統中世紀主題塔羅套牌來說，可以代表精明理財頭腦的物件可能是一個華麗的寶箱）。

現在，找一個舒服的姿勢坐著，閉上眼睛，深呼吸，直到你感覺整個人很放鬆、專注。想像自己進入這個塔羅世界，進入到你選擇的那個牌組王國。感受一下你所在之地的細節，比如：溫度、光線、植物或建築物、居民。天氣看起來如何？現在是什麼季節？你來這裡是為了尋找你的器物。四處去遊歷，感應你想找的那樣寶物，但是不要急躁，要保持開放的心去探索。

在四處遊歷當中，讓自己與這四位宮廷人物一一相遇。有些人物你可能得去他們習慣待的地方才遇得到，有些人物可能會自己找上你。如果你覺得可以跟他們自在交談的話，請讓他們知道你的任務，然後請他們幫你帶路。讓故事自然展開。

在你遇到最後一位宮廷人物之後，就可以結束這次探索（或至少是可以先暫時停下來的程度），然後張開眼睛。把你能想到的、任何難忘的事情或對話記錄下來。以下這幾個問題可能有助於你回顧這次的冥想：

- 哪幾位宮廷人物特別樂於幫助你？
- 哪幾位較難相處或拜訪過程阻礙重重？
- 哪一位你最想要再次去拜訪他？
- 你找到你的寶物了嗎？怎麼找到的？或是為什麼沒找到？

✦ 宮廷牌的等級差別

如我們先前所述，塔羅宮廷牌是起源於中世紀的封建社會。古埃及馬穆魯克遊戲紙牌有國王、丞相、副丞相三個位階。歐洲人保留了這種位階概念，但把他們熟悉的封建／軍事模式放進來，變成由國王、騎士、步兵三個位階組成的宮廷。在塔羅牌中，這個宮廷被擴大了，在國王和騎士之間加了「王后」位階。在塔羅遊戲中，這種權力位階的排序就是宮廷牌背後的基本概念：國王勝過王后，王后勝過騎士，騎士勝過步兵。

雖然我們已經不是活在封建社會中，但這種權力位階的排序在我們社會中依然相當常見：軍隊裡面最為明顯，其他比如各種工作場合，甚至也存在於我們的家庭結構中。不管塔羅傳統在宮廷牌的創建上是否還存在其他聯想，「國王」和「王后」這兩個詞（在使用這兩種頭銜標題的套牌中）難免會讓人聯想到權力和權威的問題。因此，塔羅牌可說是一扇非常寶貴的窗口，讓我們能夠去了解人際關係中的各種權力不對等。我們自己受制於某些權威人物的掌控，同時我們也對別人行使權威。在公司，你的主管可能是寶劍王后。在家裡，你可能是孩子或配偶眼中的聖杯國王。

某些套牌雖然擺脫了傳統塔羅牌中隱含的封建階級概念，但通常還是會有位階排序存在，儘管並不明顯。如果你把某個牌組的宮廷牌全部攤開在你面前，通常不難看出誰的權力在誰之上。有些套牌則已經完全擺脫傳統的性別偏見，將某幾個牌組（或全部牌組）中的王后位階排在國王之上。

一個占卜牌陣當中出現好幾張宮廷牌，通常對於了解權力關係的問題很有幫助，因為它可能會反映在這些牌的位階等級上。侍者服從國王嗎？這兩位騎士是否正在進行某種形式的權力爭奪戰，就像古代的比武大會一樣？國王和王后是否在他們的相處關係遇到了權威和性別問題？當侍者或公主牌很明顯是代表一個小孩子或年紀很輕的人，這些牌是否跟他內心的依賴感或無力感有關？

重新回顧一下，你在本書前言中幫自己挑選出來的那張象徵牌。這張牌在位階等級上是落在哪個位置呢？把這張象徵牌跟同牌組的其他宮廷牌做一下比較。你是否把其他人看作主人、僕人在對待？還是覺得自己跟他們平起平坐？你們之間的關係是充滿善意（你可能認為這位仁慈的國王是你的人生導師和指導者），還是讓你感覺不舒服？（這位霸道的國王不給你足夠的自由去追求自己的目標。）你的這張象徵牌呈現出的權力問題是否很明顯、很重要？還是並不明顯，也不是那麼重要？同樣針對你的對手牌提出以上相同問題。你的回答可能會因為你使用的套牌圖案設計而有所不同，你個人對這些牌的反應也是。請在你的筆記本寫下你的觀察結果。

儘管權力位階可能是塔羅宮廷牌中最明顯的等級差別，至少就歷史淵源來說是如此，但還有其他種差別也很有趣。最常見的就是年齡或成熟度的等級差別，侍者或公主通常是所有宮廷成員中最年輕的，而國王（或王后）則最年長。侍者、騎士、王后和國王也可能代表了一個人的童年、青春期、成為父母或中年以及老年階段。

成熟度和權威等級在發展階段上往往呈正相關，最高等級是智慧或專家。從這個角度來看，侍者是學生，騎士正藉由積極面對他的第一次現實世界挑戰來證明自己的技能，王后已經達到專家階段也擁有自信，國王則已經取得足夠的敬重和社會地位，足以擔負領導大眾的角色。另一種情況是，也可以將王后和國王視為相同等級層次的專家，只是領眾風格不同，國王比較注重任務的達成，而王后比較注重人與人之間的關係。

很多人都認為自己受困於某些特定的權力／權限狹縫裡面。不管是在工作、家庭，甚至在社會群體中，我們都擁有某種角色定位，但往往看不到在不同情況下個人權威的細微差別（比如，對超市店員、孩子的老師，或是朋友的孩子，我們是如何跟這些人相處的呢？）。所謂的「專家等級或訓練有素」（mastery）就是我們有能力輕鬆掌握當時的處境形

人物角色評分

請用以下這個四階分級制，對每一張牌的角色進行評分：

記號	代表意義
＋＋	角色非常理想
＋	角色還不錯
－	角色差勁
－－	角色完全錯誤

思考時，請根據這個人的能力和成熟度，以及他們是否能夠愉快勝任每個角色來做判斷。儘量避免刻板印象。有些人六歲但是並不擅長當孩子，有些人六十歲卻很適合當小孩！不用堅持一定要考慮所有可能性，只要大概想一下就好。儘量發揮你的想像力，想像牌面上這個人實際在扮演這個角色，也可以根據自己的情況來思考。例如，你能否想像你的父親就是權杖之王？

其他觀察發現

按位階等級和牌組花色來檢視你列出的這張表。有沒有哪個位階或牌組的大部分或全部成員特別擅長什麼角色？有沒有什麼角色讓你感到意外？以你所做的這張角色列表為基準，找出三種職業，你認為宮廷牌上的這個人在扮演這個角色上是成功的。你可以把古代和現代的職業類別同時考慮進來，將過去跟現在做個串連對照，或者，你也可以單單用你手上這副牌描繪的年代和文化背景相符的職業亦可。角色是沒有時代限制的，也具有普遍共通性，但職業會讓這張牌的討論層面更加具體，也會讓你的解讀更加清晰和明確。舉例來說，詢問前來問卜的個案「這個情況是否有警察參與其中？」這樣的問法，可能會比你單單說「這可能代表有某個人喜歡強迫別人守秩序和接受權威」，來得更明確、更相關。

職業生涯運勢牌陣

這個牌陣是用宮廷牌來代表職業和生涯選擇。首先，將宮廷牌從整副牌中取出來。牌面朝上，請提問者仔細查看每一張宮廷牌，然後挑出一張牌來代表他正在考慮的那份生涯職業（可參考本書第九章的內容，每一張宮廷牌都有列出相對應的職業樣態，或是直接使用前一個練習的回答亦可）。這時候可能會出現兩張或三張牌，也可能更多張，取決於提問者能想到多少可能的情況。將這些宮廷牌橫向排列，依照提問者認為最適合的順序排開即可。將這幾張牌擺在陣位4的位置，也就是下頁牌陣圖形中標示的「職業A」、「職業B」這一排。接著把沒有用到的宮廷牌跟其他剩餘的牌一起重新洗牌，然後取牌、發牌，將牌陣中的其他陣位由下往上，從「潛在問題」開始，到「命運牌」結束，依次擺放。發牌的張數取決於提問者先前決定的職業選項有幾個。每一個職業選擇都分別有自己的資產、挑戰和結果。以下這張圖就是兩種職業選項A和B所呈現的牌陣圖。

生涯職業運勢牌陣

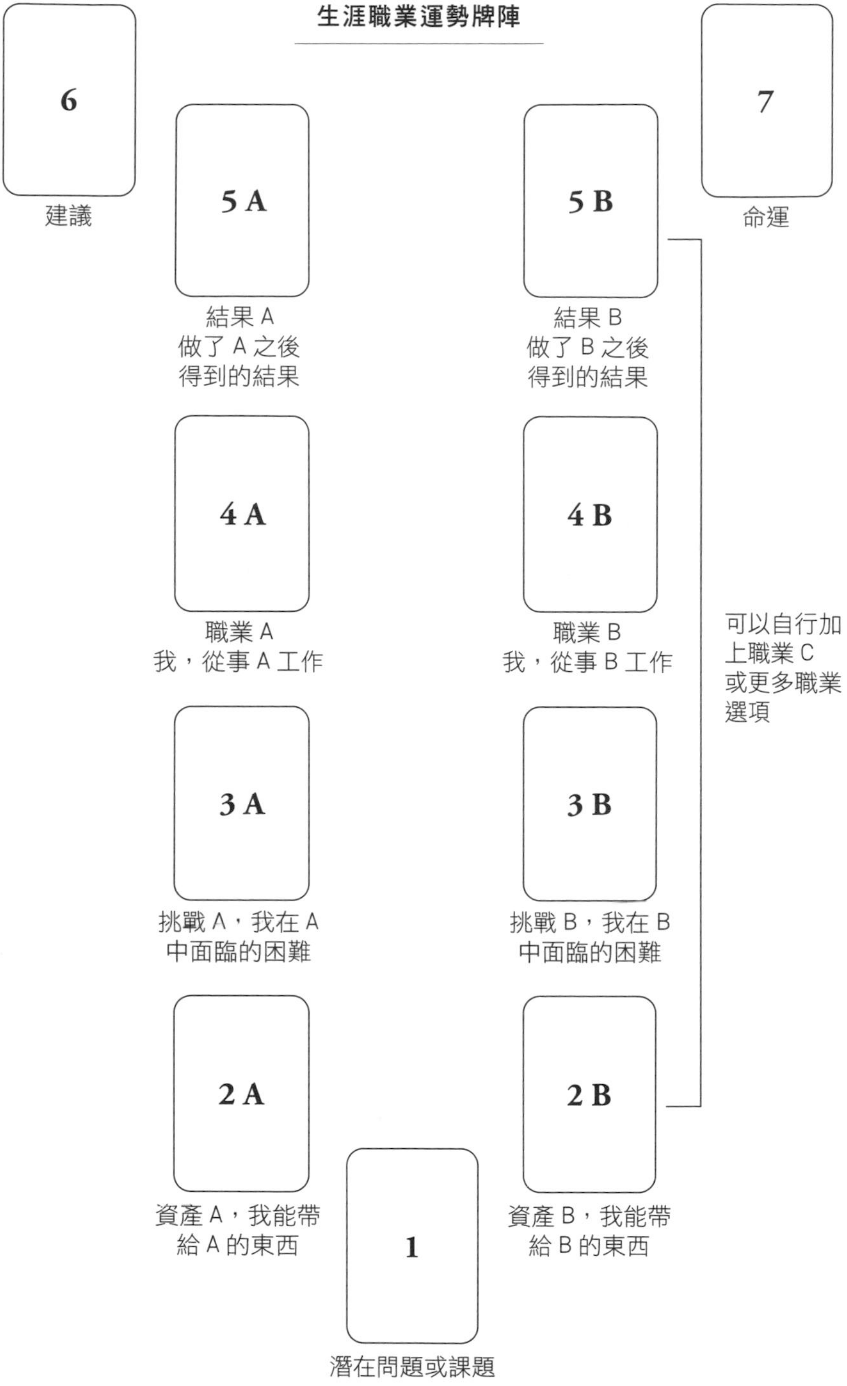
6
建議
7
命運
5 A
結果 A
做了 A 之後
得到的結果
5 B
結果 B
做了 B 之後
得到的結果
4 A
職業 A
我，從事 A 工作
4 B
職業 B
我，從事 B 工作
可以自行加
上職業 C
或更多職業
選項
3 A
挑戰 A，我在 A
中面臨的困難
3 B
挑戰 B，我在 B
中面臨的困難
2 A
資產 A，我能帶
給 A 的東西
2 B
資產 B，我能帶
給 B 的東西
1
潛在問題或課題

潛在問題或課題

1．生涯職業的選擇可能源自於問卜者面臨的更深層問題，而這些問題可能沒有被問卜者認知到。這張牌可以讓我們看到，目前這個時候問卜者是被什麼問題推動，讓他覺得需要在這個時候選擇不同的職業道路。請仔細讀這張牌；因為它所建議的方向可能跟選擇新職業完全無關。

2．資產——這幾張牌可以讓我們看到，問卜者能夠為每一條職業道路帶來哪些資源。比如技術才能、人脈關係、物質資源或是相關經歷。

3．挑戰——這些牌顯示的是，問卜者在每一條職業道路上可能遇到的障礙。比如艱難處境、誘惑，或是問卜者生活中其他層面的干擾。

4．職業——問卜者最開始所選的那幾張代表不同職業選項的宮廷牌。從某個角度來看，它們也像是「象徵牌」，顯示問卜者在每一個職業選項中所扮演的角色。雖然這幾張牌是一開始就選出來的，但在解讀牌陣時也應該仔細檢視，了解這幾張牌彼此之間的關係，以及它們跟其他牌的關係。

5．結果——這些牌是顯示問卜者選擇每一條職業道路可能得到的結果。可能是立即性的結果，也可能是長期結果。請記得，決定生涯職業這種大事，對問卜者的人生一定會帶來各種不同的影響。而這張牌所顯示的僅僅是其中一項而已。

6·建議——雖然從結果牌會建議問卜者哪一條道路最有利，但更多是在於讓問卜者看到每一條道路選項可能的未來情況。而建議牌則是提出具體建議，讓問卜者知道該如何做決定。有時候它會直接建議你選擇哪一條路，但更多時候是給出意見，讓問卜者知道如何做選擇，以及要考慮哪些因素。

7·命運——這張牌是顯示問卜者最終的人生方向。它通常不是著眼於目前近程的職業選擇，而是呈現較遠程的狀況或可能遇到的挑戰。命運牌應該跟結果牌放在一起看，藉以了解哪一種選擇可以幫助問卜者達成（或避免）命運牌中出現的狀況。

由於這個牌陣是使用宮廷牌來代表職業選項，因此，如果其他陣位也有出現宮廷牌，那這幾張宮廷牌可能就具有特殊意義。除非它們很明顯是代表問卜者生活中的其他人，或是代表問卜者本身性格的其他面向，否則這些宮廷牌應該被視為問卜者沒有提出的其他職業選項。舉例來說，如果在「資產」陣位出現宮廷牌，那這張宮廷牌可能代表，此人先前做過的職業有助於幫現在的新職業鋪路。在「結果」陣位出現宮廷牌，可能代表問卜者若走這條道路，他（或她）最後所從事的職業，可能跟他實際選擇的職業不一樣。計畫永遠趕不上未來變化。瑞塔・畢比（Reta Beebe）是一位太空科學家，曾在航海者號上執行木星和其他外太空行星的探測任務，她經常這樣告訴她的學生：「我上大學的時候，我這一行根本還沒問世。」

尤其在幫別人解牌時，很重要的是一定要告訴對方，不應該僅憑單一訊息來源就做出重大的人生決定。塔羅占卜解牌雖然有助於澄清問題和提出行動方案的建議，但它所提供的僅是該項決策的其中一個觀點而已。

✦ 說故事牌陣

塔羅的七十八張牌就像構成我們人生故事的象徵積木。當你了解每一張牌的含義後，塔羅就會變成一種用來描述生活經歷的速記語言。你可以做一個有趣而且實用的練習，先看一部電影或讀一部小說，然後看能不能用塔羅牌把整個故事情節、人物以及主題大概說出來。這個練習的概念是，藉由訓練自己「用塔羅牌說話」，你的解牌會變得更順暢，更容易發現這些牌卡要告訴你的訊息。

再深入一點，我們可以嘗試看看，可否用牌陣來激發我們想像出一個虛構的故事，包括故事的情節、人物以及主題。如果你喜歡寫作，你也可以試著寫出一部短篇小說、一齣電影劇本，或以這個牌陣為故事基礎編寫戲劇。如果你並不喜歡寫作，也一樣可以在你的腦海想像中構建出一個故事。過程會很有趣，因為它可以讓你練習解讀這些牌，但無需將它們跟現實情況做連結。

用你習慣的方式洗牌。擺出說故事牌陣，陣形請參考下頁圖示：第一行是放大阿爾克那牌，中間行放數字牌（每個牌組的一號到十號），最下面一行放宮廷牌。以故事結構的術語來說，最上面一行代表主題，中間一行代表故事情節，最下面那行是人物。從整副牌的最頂端開始取牌，將拿到的牌從左到右擺放在對應分組那行。每一行都是從最左邊開始放第一張牌，跟其他兩行的第一張牌對齊。其中一行（通常是中間行）的牌可能會增加得較快。如果你拿到的那張牌是屬於較短的那兩行的牌，請將它放在最長那行最右邊那張牌的上方或下方，雖然這樣會讓陣形暫時出現空白處。這是為了讓三行牌保持同步，長度大約相同，雖然有些行的紙牌張數會比較少。繼續取牌和擺牌，直到至少拿到六張牌，而且每一行至少要有一張牌，宮廷牌（人物）這一行至少要有兩張牌。

實例說明

我拿到寶劍十，放在第二行。接下來拿到寶劍八，放在寶劍十的右邊。第三張牌拿到聖杯二，放在寶劍八的右邊。接下來是聖杯侍者，這是第一張「人物」（宮廷）牌，所以要放在最下面一行第一張牌的位置，也就是寶劍十的正下方。接下來拿到權杖國王，這是另一張人物角色牌。為了讓三行長度相同，這張牌要放在聖杯二的正下方，侍者和國王之間就留了一個空白位置。接下來拿到聖杯九，把它擺在聖杯二的右邊。最後，我拿到皇帝牌，這是第一張「主題」（大阿爾克那）牌，所以將它直接放在寶劍十的正上方。到這裡，每一行我至少都有拿到一張牌了，而且總共至少有六張牌（實際上有七張牌），所以這個牌陣就完成了。擺出來的陣形如下：

用《羅賓伍德塔羅牌》鋪設「說故事牌陣」

主題：皇帝
劇情：寶劍十　寶劍八　聖杯二　聖杯九
人物：聖杯侍者　權杖國王

要從這些牌看出故事，首先把焦點放在「主題」。以這個例子來說，主題只有一個：皇帝。所以這很可能是一個跟權力和權威有關的故事，一個跟父親有關，或是關於社會法律與守則的故事。從這張皇帝牌你想到哪些概念，以其中一個概念為焦點，用它來作為這個故事的潛在想法或基礎前提，或是這個故事的課題。

接下來看人物牌。第一張是聖杯侍者，所以他會是這個故事一開始的焦點人物。運用你對這張牌的理解來設定這個主角的基本性格。然後看著這張牌，繼續回答關於這個人物的各種資訊，比如：年齡、外貌、職業、興趣等等。

第二個主角是權杖國王，目前還沒輪到他「出場」，但隨著故事情節的發展，他會在後面出現，現在我們可以暫時將他放在一邊，把注意力先轉到劇情上。

第一個劇情場景是寶劍十，可能是發生了什麼災難或爭執，甚至造成有人死亡。想像你看到聖杯侍者這位主角出現在這個事件現場。他（或她）是受害者、目擊者，還是加害者呢？把這個事件場景具體描述出來變成一個故事。並不一定是有一個人真的像牌面圖案那樣身上被插了十把劍；它也可能代表某個人的前途事業被人徹底毀了，或是跟人關係破裂，或是有親人去世等等。把劇情具體描述出來。

第二個劇情場景是寶劍八。有可能是寶劍十的那個失敗經驗讓這位侍者主角覺得自己被困住了，感到非常無助，沒辦法繼續前進展開新生活。如果你幫寶劍十設定的劇情是職業生涯上的挫敗，那麼寶劍八可能是此系列情節的一部分，我們的主角想要找到新工作但是卻受到阻礙，他無法理解為什麼會發生這種事，也無法擺脫這個困境。

就像這樣繼續鋪陳劇情，但記得要隨時緊扣主題。這個例子的主題牌是皇帝。它可能代表一個很有權勢的機構，比如一個政黨或一家獨占企業，而我們的主角正在跟這個權勢機構對抗。

接下來，輪到權杖國王出場，出現在以聖杯二為主的劇情場景中。可能是一次浪漫的邂逅，也可能是突然出現的朋友和盟友。藉由解釋這張牌和回答問題來設定權杖國王這個角色，跟上面設定聖杯侍者的方法相同。

電影簡介範例：聖杯侍者

讓我們來玩一下這個牌陣，用它編出一個實際故事，寫成像一部電影劇本之類的。如果你能夠非常具體描述每一張牌的各個細節，那這個練習會更有趣。用上面的例子把牌陣先排出來。這個例子用的是《羅賓伍德塔羅牌》（Robin Wood Tarot），但你也可以使用不同的套牌，然後做一下比較，結果可能會很有趣。以下就根據這個牌陣，嘗試編出一個電影故事。

這部電影的主題是關於「如何成為一個成熟男人」。第一張宮廷牌是聖杯侍者，他代表一個具有藝術天分、情感非常敏銳，而且富有想像力的十二歲少年。但他的父親認為他是個娘娘腔，永遠長不大，因而對他感到厭惡和絕望，老是教訓他兒子應該要像個男子漢。有一次他們在餐桌上發生嚴重爭執（或「戰鬥」），男孩（喬丹）隨後出門去釣魚。他目睹了一場謀殺案，而且被凶手看到。於是展開了一場驚恐的追逐，男孩被凶手抓到，凶手將他綁在廢棄的船屋裡，用布條矇住他的眼睛，想讓他就這樣慢慢死去。

而他的父親，也就是這位權杖國王，他經常在外面偷腥，利用船屋跟情人約會。他其實是個鰥夫，但每次只要他跟一個女人出去約會，喬丹就會氣喘病發作，而且非常嚴重，已經不止一次差不多快要死掉，因為這個原因，父親只好瞞著他，偷偷在外面跟女人約會。就在這時，被凶手綁在船屋閣樓裡的喬丹，無意中聽到父親跟他的情人談到他對兒子的愛，以及他內心的痛苦和害怕，他擔心喬丹永遠無法接受他所愛的女人，一起組成一個家庭──意思是說，除非這個男孩可以「堅強起來」，否則這個願望無法實現。被綁在船屋閣樓裡的喬丹，聽到他們用美麗的詩歌相互調情，發現到他的父親也有溫柔的一面──這是這位父親從未在他兒子面前表現出來的。最後，男孩刻意將某樣東西打翻，製造出聲音來引起父親注意。父親一時沒認出是他兒子，差點就用船槳把兒子腦袋敲爛。男孩獲救之後，將謀殺案告訴了他父親，然後他們一起去警察局報案。

凶手後來被抓到了（而且是個連環殺手，謀殺了十個人），男孩獲得了巨額獎金，而且還跟他父親以及繼母一起分享。從這件事喬丹學到一個功課，坦然面對死亡，並承認愛，乃是一個男人的兩面。電影最後一幕是三人共進晚餐，繼母舉杯向喬丹敬酒，說自己很幸運能夠跟這個城市裡最優秀的兩個「男人」一起共度人生。

故事的最後一幕是聖杯九。或許在權杖國王幫忙聖杯侍者移除眼罩和障礙之後，我們的主角聖杯侍者終於實現了他的願望、完成了他的心願。故事結局也要仔細設想，同樣要扣住這個故事的主題。也許這個故事給了我們一個思考功課，在對抗權勢龐大的機構時，我們要怎樣做才能成功。

用數張塔羅牌來拼湊出一個故事，這種方法不僅可以鍛煉一個人的解牌想像力，而且還能加強我們的認識，了解大阿爾克那牌、數字牌和宮廷牌在占卜解牌中分別扮演什麼樣不同的角色。塔羅新手經常會將每一張塔羅牌都解釋成問卜者未來可能發生的事。如果是用這種方式在解牌，那宮廷牌可能會讓你非常困惑，因為它們通常不是描繪發生的事情，而是以相對靜態的方式在描繪這個人物的性格。如果只有事件的串聯，那絕對無法完成一部傑出的戲劇、電影或小說。引人入勝的角色和主題同等重要。宮廷牌在一個占卜牌陣中所代表的意義，往往不在於會發生什麼事情，而在於是誰參與在這件事情當中。同樣的道理，大阿爾克那牌的角色則是，引導我們了解事件背後的「原因」。

第4章

內在的宮廷人物

THE COURT WITHIN

解讀塔羅宮廷牌最強大的一種方式就是，把它們視為人類內在性格的各種不同面向來看待。性格就是每個人獨有的特質和個性特徵的總和，包括行為、氣質、情感以及心理精神層面，每一個人都不一樣。從某個角度來說，每一個人的人生都是受自己性格所驅動的。了解我們自己以及他人的習性、偏好、癖好，對我們的人生非常重要。

我們的語言中有非常多描述人類性格的詞彙。其中有一些是來自心理學的理論模型（比如：內向、樂觀、被動攻擊型），但更多是來自日常生活中的簡單詞彙，比如：順其自然、心胸狹窄、衝動魯莽、害羞等。

長久以來，人們一直都希望有一個單一分類系統來解開人類性格的奧祕，希望就此一勞永逸，讓我們有跡可循，知道跟世上這種最不可預測的生物（人類）打交道時，會發生什麼事。當然，那個最究竟的性格理論模型尚未被人找到，但還是有人努力嘗試尋找各種答案，從人類累積的智慧中萃取出許多優秀的見解。

先不討論個別理論細節，這些理論有一個共通的根本概念就是：人類性格的風景可以被劃分成數個不同的範圍類別。

占星學

以分析人類性格的理論來說，占星學可能是最複雜的一個系統，因為它有十二個星座、七個行星（以現代占星學來說更多，行星有十個或以上）、十二個宮位，還有各種相位組合。光是用太陽星座來分，就有十二種不同的性格分類，每個類別的特徵關鍵字如下：

- **牡羊座**：任性、果斷、衝動、主動、獨立、有自我意識。
- **金牛座**：對人關心保護、固執、忠誠、足智多謀、生產效率高、穩定。
- **雙子座**：健談、雙面人、外向、理性、聰明、多才多藝、善於交際溝通。
- **巨蟹座**：戀家、喜歡照顧別人、重視隱私、對人有愛護之心、善感、讓人感到安心。
- **獅子座**：情緒戲劇化、樂觀、風趣、驕傲、有創造力、愛表現。
- **處女座**：條理分明、務實、勤奮、辨別力強、批判性、善於分析、做事有效率。
- **天秤座**：優柔寡斷、追求人際和諧、曖昧、追求平衡、外交手腕。
- **天蠍座**：情感激烈、行事詭祕、喜怒無常、追求變革、革新。
- **射手座**：喜歡冒險、好奇心強、善於哲學思考、心胸廣闊、追求意義。

- **摩羯座：**能力強、注重身分地位、有進取心、追求成效、重視條理結構、組織性強。
- **水瓶座：**樂善好施、理想主義、創造力強、有獨創性、叛逆、推動變革的人。
- **雙魚座：**喜歡做夢、多愁善感、直覺力強、富有同情心、有犧牲奉獻的精神、理想主義。

星座通常會拿來跟宮廷牌做對應。由於宮廷牌有十六張，而星座只有十二個，因此有四張宮廷牌沒有對應的星座（通常是侍者牌）。塔羅的四個牌組與十二星座的元素對應如下：

- 火元素（通常是權杖或寶劍牌組）對應牡羊、獅子、射手。
- 水元素（聖杯牌組）對應巨蟹、天蠍、雙魚。
- 風元素（通常是寶劍或權杖牌組）對應天秤、水瓶、雙子。
- 土元素（錢幣牌組）對應摩羯、金牛、處女。

每一個元素群組當中，不同位階的宮廷牌與星座的對應，則依據不同套牌而有差異。

✦ 邁爾斯—布里格斯十六型人格

較現代的人格分類系統，並不是依照一個人出生時刻的太陽、月亮和行星位置來分類，而是根據觀察或個人自我報告來做出不同的性格傾向分類。凱瑟琳・布里格斯（Katherine Briggs）和她的女兒伊莎貝爾・布里格斯・邁爾斯（Isabel Briggs Myers）以榮格的人格類型理論為基礎，設計出一套性格分類系統，稱為「邁爾斯—布里格斯性格分類系統」（Myers-Briggs Type Indicator，簡稱ＭＢＴＩ），每一個人都會落在四個性格軸線的一端或另一端：

- 外向／內向（Ｅ／Ｉ）：外向型（Extroverts）從與他人的互動中汲取能量，會直接說出自己的想法，比較喜歡直接行動更勝搜集資料做研究。內向型（Introverts）從獨處中汲取能量，說出想法之前會仔細思考，比較有興趣於了解事情更勝改變事情。
- 直覺／感官（Ｎ／Ｓ）：直覺型（Intuitives）較注重一般性概念而非個別特定情況，對細節感到厭煩，喜歡抽象思考。感官型（Sensing）喜歡具體細節、明確清晰的程序，以及實際結果。

- 思考／情感（T／F）：思考型（Thinkers）濾除情緒並仰賴邏輯，在意客觀性和公正性，將做決定視為解決問題。情感型（Feelers）在意人際關係、人際和諧，根據情緒感受和個人喜好來做決定。
- 判斷／感知（J／P）：判斷型（Judgers）喜歡按計畫建構他們的經驗，讓生活有規畫、有組織。感知型（Perceivers）隨緣接受世事，重視隨性和驚喜。

由於這四個性格要素每一個都有兩種可能性，邁爾斯—布里格斯便依此做出了2×2×2×2＝16種性格組合，剛好跟宮廷牌的張數完全相同。邁爾斯—布里格斯十六型性格分析和宮廷牌的對應系統也有好幾種，但通常不會像占星對應那樣出現在塔羅牌的圖案設計上。

由於MBTI不是用年齡、成長階段或性別來做分析，因此我們很難將MBTI和宮廷牌做出明確的對應。另一方面，藉由使用MBTI分析，我們可以不分年齡和性別，將每一張宮廷牌都看作一個具有特定才華技能、需求以及喜好傾向的完整的人。事實上，你現在就可以透過諸如「凱爾西氣質分類」（Keirsey Temperament Sorter）這類的測驗，來找出你是屬於哪一種類型的人，然後是對應哪一位宮廷人物，以這種「科學方法」來決定你自己的「象徵牌」。不過，究竟哪一個類型的人是對應哪一張宮廷牌，其實缺乏一致看法，也就是說，如果你想使用這套系統，那你應該多研究現有的一些資料，找出最適合你的說法。榮格的人格分類法一般對應如下：權杖牌對應直覺型（N），聖杯牌對應情感型（F），寶劍牌是思考型（T），錢幣牌是感官型（S）。一般是以此來做比較的起點。

以下這張表列出了MBTI與宮廷牌對應的三個不同系統，分別是由瑪莉．K．格瑞爾（Mary K. Greer）、嘉娜．萊利（Jana Riley），以及琳達．蓋爾．沃爾特斯（Linda Gail Walters）所提出的。[1] 格瑞爾和萊利所使用的系統，比較注重MBTI對每一種性格的描述與每一張牌之含義的匹配性，而不堅持要與理論系統一致。至於琳達．蓋爾．沃爾特斯提出的系統，直接引述她自己的話就是：「內在與外在一致，單一類型組合對應一種，而且是單一牌組／元素，另一獨特類型組合則對應另一種，而且是單一一種位階人物。」沃爾特斯和萊利同樣把所有的侍者和王后都看作內向型（I），而國王和騎士是外向型（E）。在沃爾特斯的系統中，所有的國王和王后都會使用判斷力（J）來做決定，而所有的侍者和騎士則使用較開放、較強的感知力（P）來做決定。另外，沃爾特斯認為，所有的權杖人物都是直覺思考型（NT），所有的聖杯人物都是直覺情感型（NF），所有的寶劍人物都是感官思考型（ST），所有的錢幣人物都是感官情感型（SF）。沃爾特斯的分類系統算是三種當中最精細的，它的優點在於，一來符合邏輯，二來在你了解基本原理後最容易記住。不過，她的系統讓「女性牌」都成為內向型，而所有「男性牌」都成為外向型，這種假設跟現實生活情況並不吻合，很多人一定都會發現這種分法的局限性。此外，有很多MBTI類型描述似乎比較切合其他不同的宮廷人物。

更詳細的圖表放在附錄B，有列出每一種性格類型的名稱。

✦卡特爾的十六性格因子

		權杖（N）	聖杯（F）	寶劍（T）	錢幣（S）
國王	格瑞爾	ENTP	ESFP	ESTJ	ESTP
	萊利	ENTP	ESFJ	ESTJ	ESTP
	沃爾特斯	ENTJ	ENFJ	ESTJ	ESFJ
王后	格瑞爾	INTJ	ISFP	INTP	ISTJ
	萊利	INTJ	ISFP	ISTP	ISTJ
	沃爾特斯	INTJ	INFJ	ISTJ	ISFJ
騎士	格瑞爾	ENFP	INFP	ENTJ	ESFJ
	萊利	ENFP	ENFJ	ENTJ	ESFP
	沃爾特斯	ENTP	ENFP	ESTP	ESFP
侍者	格瑞爾	INFJ	ENFJ	ISTP	ISFJ
	萊利	INFJ	INFJ	INTP	ISFJ
	沃爾特斯	INTP	INFP	ISTP	ISFP

＊備註：有畫底線的字母是代表該牌組的主要識別特徵。

所有的性格分類系統，無論是古代的還是現代的，幾乎都強烈依賴以實際經驗作為分類根據，也就是說，某些性格特徵傾向於聚集在一起，成為各種可被識別的模式，乃是靠實際經驗為基礎做出的分類。有一個現代的人格分析系統，幾乎全是以經驗資料為基礎，背後沒有任何一個預設的理論模式存在，那就是由雷蒙德・卡特爾（Raymond Cattell）在1949年所設計的「十六性格因子」（16 PF）分析系統。他從一本完整未被刪減的字典中搜集大量與人格有關的單詞字樣，然後讓受試者去決定每個單詞是否適合他們自己的性格（或他們認識的人的性格）。他發現，某些單詞經常成群「一起出現」——也就是說，如果一個單詞適用於某個人，那麼這個單詞群組中的其他單詞也會被此人選中。某人是什麼樣的性格，都可以透過他們跟「十六性格因子」中每一個因子的匹配程度高低來得到大部分資訊，每個性格因子都代表了一組跟它相關的性格單詞。卡特爾的十六性格因子如下：

1・溫暖熱情（Warmth）
2・理性邏輯（Reasoning）
3・情緒穩定（Emotional stability）
4・支配（Dominance）

5．活潑（Liveliness）
6．規則意識（Rule-consciousness）
7．社會勇氣（Social boldness）
8．善解人意（Sensitivity）
9．警覺（Vigilance）
10．抽象性（Abstractedness）
11．私密性（Privateness）
12．顧慮（Apprehensiveness）
13．樂於改變（Openness to change）
14．依靠自力（Self-reliance）
15．完美主義（Perfectionism）
16．抗壓性（Tension）

其中一些單詞在卡特爾十六性格因子系統中具有相當特殊的含義。導致人與人之間最大差異的影響因子列在上端，較次要的影響因子則排在底下。

許多現代的性格測驗都是根據一個類似的原則：參加測驗的人從題目中選出與他或她較為相符的性格描述，然後測驗結果會被歸類到測驗設計者所使用的性格分類系統中。接下來這個練習，除了能讓你更了解自己的一些性格傾向，也讓你有機會透過相同的鏡頭來檢視宮廷牌人物的性格。

✦ 性格測驗

以下這份性格問卷一點也不科學，但仍具有某種程度的啟發性和趣味性。它用了十二個不同的性格特徵，每一個特徵都各有其反面。詳列如下。每一個特徵也都做了簡短的含義說明。你不妨先把所有特徵先全部瀏覽一遍，以確定你清楚了解每一個特徵之間的差別。

- 友善：讓人感覺舒服自在、喜歡與人相處
  反面：冷漠

- 聰慧敏捷：有洞察力、善於分析
  反面：反應遲鈍
- 冷靜：有耐心、不太會有沮喪挫折的心情
  反面：脾氣暴躁
- 幽默調皮：聚會場合中的靈魂人物、喜歡開玩笑
  反面：嚴肅
- 順從：遵守規則、尊重權威
  反面：叛逆
- 疑心重：懷疑別人有隱藏的動機、很難原諒別人
  反面：信任
- 敏感多情：多愁善感、容易感動
  反面：淡泊寡欲
- 堅決果斷：掌管把持、直言不諱
  反面：溫順易控
- 想像力豐富：愛做白日夢、喜歡表現創造力
  反面：務實

- 保守矜持：難以親近、不會說出自己想法
  反面：心胸開放
- 緊張焦躁：多慮、害怕做錯事
  反面：輕鬆無憂
- 完美主義者：講求效率、對自我要求很高
  反面：隨性隨意

當你讀過這些描述，並了解每個特徵的含義之後，就可以針對每一個特徵跟你自己性格的符合程度，來做出標記。如果你有表現出該性格特徵，請標記一個加號（＋），強烈表現出該特徵，請標記兩個加號（＋＋），表現該特徵的反面，請標記一個減號（－），強烈表現出該特徵的反面，請標記兩個減號（－－）。在「表現出特徵」和「表現出反面特徵」之間沒有中間選項，你必須做出明確判斷，這很重要，雖然很可能你會發現自己身上同時存在正反兩種可能性。用最快的速度把這個特徵列表做完。不要思考太久，只要用直接反應來回答就好。如果你在某個特徵上卡住了，不知怎麼選擇，請先跳過，把其他題目做完，最後再回來完成這題。

現在，拿出你的塔羅牌，針對每一張宮廷牌，再做一次這個練習。不需要依特定順序，將十六張牌隨機排列，然後一張一張針對這張列表的每一個特徵都進行評分。這項工程可能有點浩大，但請記得，只要憑你的第一印象，用最快的速度來回答就好，不會花太多時間。

現在，將這十六張宮廷牌排成一個4×4的矩陣，排列方法是，相同牌組排成直欄，相同位階排成橫排，舉例來說，四張聖杯牌從上往下排列，四張國王牌從左到右排列。然後查看每一橫排相同位階的四張牌，以及每一直列相同牌組的四張牌，看是否能找出每四張為一組的牌它們的相同點和不同點在哪裡。比如，是不是所有的騎士看起來都堅定自信？所有聖杯都敏感多情？

做這個練習的過程中，每一張宮廷牌的人物性格應該會開始在你腦中逐漸具體化。當你開始捕捉到每一張牌的本質、發現到他們的關鍵特徵時，請記錄在你的筆記上。

✦ 次人格

每個人都有展現自身性格不同面向的本領。沒有人會只局限在單一類型的個性。我們自認為的性格傾向，很可能會隨著時間而改變。因為我們會成長、發現新的人生方向，然後逐漸（或有時突然）變成跟年輕時候的我們不一樣。通常，這種改變過程會讓我們的個性變得更加靈活。一位有責任心的父母，大多數時候都能善盡其職責，但一樣也能理解年輕人的叛逆，並在某些情況下表現出這種叛逆特質。

隨著時間改變，我們也學會了隱藏我們原本的個性傾向，做出別人期待我們表現的行為。我們每一個人都有一整套不同的人格「面具」，面對不同的情況就戴上不同面具。在工作上我們可能非常嚴肅認真，但跟朋友講話時可能機智風趣，對自己所愛的人則是冷靜溫柔又體貼，然後寫日記時充滿激情而且多愁善感。這也是我們在進行性格測驗問卷時（比如上一節的問卷）很難快速回答的原因之一——我們總是會想到自己在不同的情況下做出的不同行為。

此外，在人生過程中，我們也已經學會（或有意選擇）不喜歡某些人格特質。要我們承認自己擁有這些特質，可能非常困難，但這並不表示它們不存在。我們的自我形象可能跟我們真實的自己完全不同，也可能相當一致。以榮格學派的用語來說就是：我們拒絕承認自己擁有的那些人格特徵，構成了我們的陰影，它會成為一種鏡像，反照出我們的真實樣貌。如果我們拒絕承認自己的陰影，我們就會經常與那些表現出那些特徵的人處不來——因為他們成為一種象徵，我們在他們身上看到我們想要去克服和壓抑的東西，或是我們暗暗渴望的東西。

你在本書〈前言〉中選出的那張「敵對牌」，或許可以提供你一些線索，讓你知道你的「陰影我」(shadow self)可能是什麼模樣。敵對牌，就是你認為跟自己最不像的那張宮廷牌，它可能包含了你不想要對外人承認的那些性格特徵，甚至連對你自己都不想承認。

如此說來，每一張宮廷牌其實都代表了你自己的某一個性格面向——可能是你的自我形象(象徵牌)、面具、前世我、未來我、理想我，或是陰影我(比如敵對牌)。因此，占卜牌陣中出現的每一張宮廷牌，都有可能會揭露你自己性格的運作模式，雖然它也可能是代表另一個人。當你認出某一張宮廷牌是代表某個人，那麼，那個人就是你的老師、人生嚮導或是典範，你會更加了解到，他們的人格類型其實也是你自身「次人格」的一部分。你可以清楚知道，那個性格在你身上如何展現，以及它要帶給你什麼啟示。一個已經完全整合的人格，會致力去了解和接受他或她自己內在的所有面向。

✦ 藏在你衣櫃裡的宮廷人物

有很多方法可以去判斷你所扮演的角色和你內在的各個不同面向。有一個方法可能會讓你驚訝，那就是：用心理觀想的方式檢查一下你的衣櫃，看看裡面有些什麼樣的衣服。你心裡的那些不同角色是誰？這些衣服是誰在穿的？先閱讀下面所舉的例子，然後閉上眼睛觀想，看看你眼前的衣櫃。把整個衣櫃全部巡視一遍。舉例來說，衣櫃裡面有穿著正式上班族服裝的我、穿著週末休閒服的我，還有週六晚上穿上特別服裝的我。然後還有登山健行的我、騎自行車的我、滑雪的我、游泳的我、划船的我、跑步的我。還有那些性感的睡衣，或是你媽媽很久以前買給你的那套衣服也還藏在衣櫥後面，或是同樣被你壓在衣櫃底層的那些嬉皮服裝、迪斯可舞衣或歌德式衣服，是不是在等著你把它翻出來？還有那幾條牛仔褲，有些是不是染上了繪畫顏料還是房子油漆？還有哪些人格角色在等著你發現呢？把你找到的不同角色全部列出來。

尋找自己內在角色的另一個地方是你的書架，架上有你的各種興趣嗜好，包括舊愛和新歡、各種活動指南手冊，還有你想做什麼事、想成為什麼樣的人的許多夢想。如果這樣還不夠，你也可以把以前的剪貼簿和相簿找出來。對你人生中各式各樣不同的人來說——

比如你的父母親、孩子、情人、朋友、老闆、員工、同事、老師、學生、社群同好、運動夥伴，你扮演什麼角色？很顯然，「你的角色」有很多個。

把你自己內在的所有面向，全部都拿出來看一遍，它們就像一顆被切割雕琢過的水晶，上面有許許多多的刻面，在不同的光源下就會反射出不同的面向。

列出你現在生活中扮演的主要角色或是你所佩戴的面具，至少列出六、七個。然後針對每一個角色或人格面向，選出跟他們最符合的宮廷牌。同一張宮廷牌可以對應不只一個角色。

選好你的宮廷牌之後，請回答以下問題：

- 每一個牌組的人物都有出現嗎？
- 是不是有些牌組沒有出現？缺了哪些牌組？它們是代表什麼樣的人格特質？
- 你實際生活中哪些方面顯露出你缺少這些特質？找出跟這些角色或人格面向最能對應的宮廷牌，把它們加到你的列表中。
- 哪一個牌組占了主導地位？這是否代表你扮演這些角色最自在？

• 有沒有哪一個位階人物（國王、王后、騎士、侍者）沒有被你選到，而且你不太能認同自己是那個人物？是哪一個（或哪些）呢？他是屬於哪一個人生發展階段？這個缺少的人物所代表的什麼特質，是你列表上的角色所沒有的？

• 哪個位階人物出現最多次？你覺得這是你最大的人格特點所在嗎？

檢視四張國王牌。然後想想看，你生活中在哪一方面擁有外部或公眾掌控權，而且能夠向他人展示你確實有此能力。在這方面你就是國王。選一張國王牌來代表你內在這個部分的自己。說說這項專長。

檢視四張王后牌。然後想想看，你生活中在哪一方面擁有內在或人際掌控權，而且有能力關心照顧自己和別人。在這方面你就是王后。選一張王后牌來代表內在這個部分的自己。說說這項專長的內容。

檢視四張騎士牌。然後想想看，你生活中哪一方面正在積極運用一項才華技能或投注精力於某種冒險或革命性行動。你要完成的任務在哪裡？在這方面你就是騎士。選一張騎士牌來代表你內在這部分的自己。說說你的技能、行動或追求是什麼。

檢視四張侍者牌（或公主牌）。然後想想看，你生活中在哪一方面是活潑調皮的、喜歡冒險、願意學習新事物，或主要是靠感官來獲得資訊。在這方面你就是年輕的侍者。選一張侍者牌來代表你自己內在的這個部分。說明一下為什麼是這張牌。

舉個實際例子，我是一位母親，對我女兒來說，我最像聖杯王后。但當我寫書時，我就變成寶劍王后。當我滿懷熱情談論我最喜歡的塔羅牌話題時，我就變成了權杖國王。對我自己的母親來說，我永遠是她的聖杯侍者。我下定決心要建立穩定的財務基礎，在這方面我就是錢幣騎士。

✦ 榮格的原型與人格結構理論

以四大要素、幽默感以及氣質傾向的古典理論為基礎，心理學家卡爾・榮格發展出一套功能取向的四元結構（quaternity，或譯四相性、四方體、四位一體）或心理類型理論，這四大功能或類型就是：直覺、情感、思考，以及感官（參見本書第１０９頁邁爾斯—布里格斯性格類型的討論）。我們將這四大功能結構與權杖、聖杯、寶劍和錢幣四個牌組做了連結。同樣的，它們也可以跟國王、王后、騎士和侍者四個位階做對應。榮格的追隨者認為，成熟的男性（能量）或女性（能量）必定包含這四部分心理結構。下一節的內容就是這些模型在宮廷牌上的應用。如果你覺得榮格的理論模型很好用，那可以考慮將這些想法運用在解牌上，但也不需要一味盲目遵循。這個理論模型的重點在於，知道一個人必須整合意識完善狀態的四大面向，才能達到自性（self）的覺知。進一步來說，榮格認為我們內在相反性別的面相是屬於無意識的部分——如果你是男性，那就是阿尼瑪（anima），如果你是女性，則是阿尼姆斯（animus）。當我們將一個原型投射到別人身上時，通常代表我們本身喪失和缺乏那些特質。這部分請見第148頁關於「投射」的討論。

成熟的女性特質

榮格的多年情人東尼．沃爾芙（Toni Wolff）覺得榮格對女性自性缺乏了解，因此在1956年提出了「女性心靈的結構形式」（也就是女性四原型）的概念（艾琳．德．卡斯蒂列霍的著作《認識女人：女性心理學》對此有詳細討論）。這四個原型剛好對應四張王后牌。由於重點是擺在情感關係中的女性，因此它們並沒有將女性的四元結構（quaternity）做出完整表述，不過仍可幫助我們了解這四個原型對應的四張王后牌。當我們將這四個原型投射在別人身上，卻不認識我們自己身上的這些特質，那就等於放棄了我們自己的一部分能力和選擇。

權杖王后對應伴侶原型

伴侶（hetaira／companion）原型跟女性自己本身存在著私密、一對一的關係。孩子在她們生命中是次要的。她是女性精神伴侶（femme inspiratrice）。如同高級妓女（王公貴族的情婦）一樣，她造詣非凡且技藝精湛。在現代社會中，她就是一個追求自我啟發，而且最關心自我成長和個體化發展的人。

如果此原型顯現負向消極的那一面（或逆位），她會變成一個善於誘惑別人的人，或會去反抗文化習俗與限制。如果我們把這個原型投射到其他人身上，那表示我們覺得失去鼓舞和靈感力量，陷在遲鈍僵化的狀況中。

聖杯王后對應靈媒原型

靈媒（medial）原型跟她自己存在著一種非個人的關係。她是一名通靈者、女智者、女祭司。根據艾琳·德·卡斯蒂列霍（Irene de Castillejo）的說法，她是被另一個人的潛意識

（或某種形式的集體潛意識）所滲透，藉由附身在她身上來展現那個潛意識想法、感覺或欲望。她可能會夢到別人的夢境，或是幫忙超渡亡魂。她會致力培養自己的內在感知力。

如果此原型顯現負向消極的那一面（或逆位），她要不是變成受虐者，就是變成完美的天使，並且可能會為了某個人或某一群人而失去自我，認不清自己是誰。如果我們將這個原型投射到其他人身上，表示我們感覺跟自己內在的智慧和覺知脫節了。

寶劍王后對應女戰士原型

女戰士（amazon）原型跟一群人的關係是屬於非個人的——她是一位努力成就某項事業的戰士。她個性獨立、自主，而且相當勇敢。她講求柏拉圖式的關係，不靠任何人來得到成就滿足，反而歡迎挑戰和競爭，因為能夠讓她磨練自己的技能，達到更完善的境界。

如果此原型顯現負向消極的那一面（或逆位），她要不是變成批評者，就是變成被放逐的人，而且不願意去承認自己內心很渴望某些東西，因為似乎永遠追求不到。如果我們將這個原型投射到其他人身上，那表示我們可能覺得自己很軟弱、只能屈服於環境，而且無法承受失敗。

錢幣王后對應母親原型

母親原型與一群人存在著個人關係。這就是為什麼我們能夠擁有大地之母的情懷，或是能夠去關懷照顧社會上所有的孩子。這個原型對於跟生殖、生產有關的力量都能全心全意支持和接納。她關心和保護所有新生與正在成長的事物。

如果此原型顯現負向消極的那一面（或逆位），她會變成掠食者去攻擊那些威脅到她後代的人，或是變成占有欲很強、令人窒息的母親。如果我們將這個原型投射到其他人身上，那表示我們可能內心感到沒有安全感、覺得自己被低估、認為自己一無是處，而且無法養育照顧自己。

成熟的男性特質

羅伯特・摩爾（Robert Moore）和道格拉斯・吉列特（Douglas Gillette）為了回答一位年輕人的提問：「當今已受啟蒙的強大男性在哪裡？」於是寫了《國王、戰士、魔法師、情人：重新發現成熟男性的原型》這本書。這四個男性心理原型剛好吻合四張國王牌。如果你把這本書讀完，相信一定會對宮廷牌和其中幾張大阿爾克那牌有更豐富的體會。

在這本書裡面，摩爾和吉列特唯一將大阿爾克那牌拿來跟榮格的四大功能類型相對應的一張牌是「戀人牌」——他們認為戀人牌是對應「感官」(sensation)，這使得這張牌變成對應錢幣牌組，但事實證明這張牌更符合聖杯牌組和水元素——至少在塔羅牌的對應上應該是如此。不過，如果你讀完他們對戀人牌的描述，你的想法可能會改變。

權杖國王對應國王原型

國王原型有兩個主要功能：發號施令以及提供豐饒和福佑。他有責任維繫其土地和人民的福祉——如果他生病、虛弱或無能，他的人民也會跟著憔悴受苦。國王必須出現在他的人民面前，跟人民面對面。自我價值感和存在價值來自於被人們看見。他帶來穩定與均衡，而且能夠為人帶來活力、生命力和喜悅感。他鼓勵創意，而且能引導和培育他人邁向完整的生命。從某方面來說，他存在於所有國王牌之中，每一張國王牌都具有這樣的特質。

如果此原型顯現負向消極的那一面(或逆位)，他要不是成為暴君，就是變成懦夫。根據摩爾和吉列特的說法，當我們將國王原型能量投射在其他人身上，「我們會覺得自己很無能、無法有所作為，也無法感到平靜和穩定。」當我們把這個原型投射到一位公眾領袖或某個組織時，那表示我們可能失去理性判斷和獨立行動的能力。

聖杯國王對應愛人原型

雖然摩爾和吉列特將愛人（lover）能量對應榮格的「感官功能」人格類型，但其實它更多是屬於聖杯能量。它的特徵包括充滿活力、激情以及對生命的渴望。戀人原型深入肉體感官享受，不以自己的肉體歡愉或身體為恥。他跟身邊一切事物都能建立親密接觸的關係，而且能夠感受原始激情的飢渴。他渴望觸摸整個世界。從美學觀點上來說，他與周遭環境保持著一種相當協調和諧的關係。

如果此原型顯現負向消極的那一面（或逆位），他要不是變成上癮沉溺，就是變成無能的戀人。如果是上癮者，他會變得執著和迷惘，只為當下的快樂而活。摩爾和吉列特說，這種人是「失去邊界的人」，被自己的潛意識（無意識）淹沒，如同深陷大海之中（很明顯是聖杯國王的特質）。如果變成無能的戀人，他會整個人毫無生氣、無精打采、憂鬱沮喪。如果我們把這個原型投射到他人身上，那表示我們缺乏熱情和喜悅。

寶劍國王對應戰士原型

戰士原型的主要特徵是攻擊性、思維清晰和警覺、講求策略、重視透過訓練來自律和獲得技能、適應能力佳，而且對死亡有所覺知。其他還包括：對於超越個人層次的理想或目標相當忠誠而且願意奉獻心力，這也使得戰士變得難以讓人親近，因為他在情感上是超然的。他的破壞之舉是為了讓新事物開闢出存在空間。事實上，你會在四張騎士牌當中都看到這樣的戰士原型。

如果此原型顯現負向消極的那一面（或逆位），他要不是成為虐待狂，就是變成受虐狂，不管哪一種，都帶有某種殘忍性格。他也可能變成一個藉由犧牲自己的幸福來「拯救」別人的工作狂。當我們把這個原型投射到別人身上，我們會變得很懦弱，一直找藉口拖延，甚至在開始行動之前就覺得自己會失敗。

錢幣國王對應魔法師原型

魔法師（magician）原型是使用奧祕知識的人，是某種技術的知曉者和大師，也是力量的容器和傳輸管道。在魔法中，五角星（錢幣）也具有類似作用。作為神聖空間的管理者，他能引導變革的過程，而且熟知大自然、星星、氣象，以及狩獵的奧祕。摩爾和吉列特稱之為「本我中的觀察者」（observing ego），它監視和掌控自性中的能量或情緒之流，致力將原始力量轉化為有用的東西。它是代表體貼思慮、反思能力，以及內向性格的原型。

如果此原型顯現負向消極的那一面（或逆位），他要不是成為操縱者，就是變成會否認事實的「無辜者」。我們發現，它會造成有毒廢物和污染的擴散，或是藉由專業知識來利用他人、占人便宜，最後導致虛假的優越感、孤立、孤獨無依。「無辜者」什麼都不知道、毫無責任感、相當狡猾、難以捉摸。當我們把這個原型投射到他人身上，代表我們缺乏安全感，容易受到外界壓力的影響。

小孩原型

摩爾和吉列特還討論了「男孩心理學」（boy psychology），這裡我們會做些修改，用來代表男性和女性意識中的不成熟面向——也就是所謂的「內在小孩」（inner child）。它幾乎完全等同於宮廷牌中的侍者。騎士牌通常是上面提到的戰士原型中不太成熟的男性能量以及小孩的英雄面向兩者的結合。小孩原型（The child archetype）代表的是輕鬆調皮、歡樂、有趣、活力、心胸開放、熱情、冒險、新鮮、嶄新的能量。同樣的，這四個面向全都需要在我們的自性中得到整合。當我們在吸收先前被成熟自性否認的那些部分時，可能會發生暫時性的可怕退行現象（regression），回到小孩狀態，這時候，人會經歷到猶如神話中所說的那種「肢解」的啟蒙過程。

權杖侍者對應神聖小孩原型

神聖小孩（divine child）如神一般神聖而且自戀，不過也很開放和脆弱。這個原型代表奧祕、奇蹟以及驚奇的能量。它帶來光明和歡樂。內在深層的創造力正在爆發，但由於相當脆弱，因此必須被鼓舞和被保護。

如果此原型顯現負向消極的那一面（或逆位），他（或她）要不是變成傲慢的暴君、驕傲自滿（狂妄自大），要不就是變成困頓疲累、怕東怕西的懦夫。當我們把這個原型投射到他人身上，代表我們對世事感到厭倦和悲觀。

聖杯侍者對應伊底帕斯情結之子（或愛洛斯）原型

這個孩子很在乎人與人之間的連結、溫暖以及感情。摩爾和吉列特認為，這個面向的小孩必須學會與精神上的父母親建立聯繫，以免將他（或她）自己的需求和渴望加諸在真實的父母親或如同父母般的人物身上。

如果這個小孩顯現負向消極的那一面（或逆位），他們會變成「媽媽的小男孩」或「爸爸的小女孩」，由於無法打破最原初的羈絆，因此永遠不會感到滿足。要不然就是變成不切實際愛做夢的人，成天鬱鬱寡歡。當我們把這個原型投射到他人身上，代表我們感到被忽視和不被愛。

寶劍侍者對應英雄

小孩原型的這個面向，同時也是從青春期要邁向成年的四位騎士的特徵。這個孩子相當有攻擊性而且勇敢，他們相信自己是無懈可擊的，同時又到處尋求挑戰。他（或她）看不慣錯誤之事，而且會去拯救弱小。

如果這個小孩顯現負向消極的那一面（或逆位），他（或她）可能會變成一個氣焰囂張、會去欺負別人的惡霸，面臨許多險境。要不然就是，變成逃避面對挑戰、任人欺負的懦夫。當我們把這個原型投射到其他人身上，我們會感覺無精打采、被侵犯、受壓迫，或是待在原地等待別人的關注和拯救。

錢幣侍者對應早熟小孩

早熟或魔法小孩（precocious or magical child）原型渴望學習、心思細膩，而且很專注和沉著。他（或她）想去了解周遭世界的一切，以及事物背後的原因。

如果這個小孩顯現負向消極的一面（或逆位），他（或她）會變成認為自己無所不知的騙子、到處惡搞事情，要不然就是變得反應非常遲鈍、感覺相當冷淡。當我們把這個原型投射到他人身上，我們會變得厭煩和不安。

✦ 逆位的宮廷牌

很少有人會喜歡拿到逆位宮廷牌。不僅圖案上人物看起來讓人不舒服，根據傳統含義的說法，出現這些倒過來的人，對問卜者不是什麼好事；有些人甚至認為他們都是壞人。不過，我們當中大部分人其實不太會遇到真正的壞人，通常只會遇到那些與我們的處境或生命態度相衝突的人，導致我們受到擾亂或是感覺痛苦。每一個人都會有「上下顛倒」的時刻，比如我們生氣或心煩意亂的時候，不管我們說什麼好像都錯的時候，我們嫉妒或羨慕別人的時候，甚至我們有時也會故意去傷害別人。種種這些，並不會讓我們或其他人變成壞人或惡人。

你並不一定要使用逆位牌，但使用逆位牌確實可以擴大每一張牌的含義範圍，提升解牌的準確度。一般來說，十張牌的牌陣當中平均會有兩張牌（20%）出現宮廷牌。從一張也沒有，到出現四張宮廷牌，都是常有的事。如果你洗牌洗得很徹底，而且不分正逆位全部混在一起洗，那麼通常就會出現一或兩張逆位牌，甚至三張也沒什麼太稀奇。你遲早要習慣的！

舉個例子來說，出現寶劍王后逆位，可能代表隱藏自己的理智，不想讓別人看透你的心理，因此這張牌也暗示著一種別人無法看見或無法了解的內在狀態或性格。但很多時候，逆位宮廷牌似乎意謂著一種「不舒服、狀況不佳」的狀態。這位寶劍王后可能此時思路不是很清晰，或是表現得有點極端、過分挑剔，或是過於理性、缺乏好的判斷。她可能會發現自己無法果斷做出決定。如果你的老闆是暫時處在這種狀態，那你就試著重新制定你的工作績效時程。如果你的老闆向來都是如此，那麼你就需要有承擔事情的肩膀，要有能力自己做出決定；甚至你可能會發現自己一天之內被解僱又重新復職十多次，也不稀奇。如果這張寶劍王后逆位是代表你的父母親，那表示你在成長過程中可能常常要去遵守那些沒什麼意義的規定，或是每天的規定都不一樣、老是在變。你可能被迫得從別的地方去學習如何設定人際界限，或是找到一種不同的模式來處理你的失落和痛苦，而不致讓自己陷入受害者情緒。如果這張逆位牌是代表你自己，那表示你可能習慣將受傷的情緒藏在自己心裡，而且會責怪自己不好，甚至有時候會否認曾經發生過的痛苦事情。

如果這張逆位王后牌剛好出現在「禮物」、「可達成的最佳結果」或「建議」這幾個陣位，那我們就可以期待，寶劍王后收起手上的寶劍之後可能帶來的利益。因為它代表你原諒自己和他人的錯誤。你應該溫柔善待別人的批評，讓別人可以來質疑你，給人第二次機會。你可能會用身體姿勢來表達你的心意（張開的手），而不是純粹只用理性語言來傳達每一件事情。它也可能代表這是一個讓別人來幫助你、讓自己放鬆戒心，或是走出悲傷的機會（脫下寡婦的喪服）。仔細看偉特的寶劍王后逆位牌上的符號，石雕椅上的那隻蝴蝶變成在牌面最上方，暗示著擺脫束縛、破繭而出，迎向美好的自由。如果這張逆位牌出現在「建議」這個陣位，那可能是在告訴你，不要去做正位牌那位人物所做的事情——但同時還是要考慮它的位階和牌組元素。

另一個解讀逆位宮廷牌的方法是從心理學的角度：當一個人的天賦和性格傾向不被外界認可、未受到尊重時，可能會發生什麼事情。舉例來說，假設「聖杯侍者」是一個想像力豐富（比如有通靈能力）的小孩子。她有一個「想像中的」朋友，她可以看到和聽到別人看不到聽不到的東西。如果她的父母和老師告訴她，她在說謊、亂編故事，其實什麼東西都沒有，那她絕對不會再把她的經驗說出來，結果會如何？她會把自己的經驗壓下來。她可能會變得退縮、太過內向、跟外部現實世界脫節。或是，她可能會接受大人的說法，認為自己就是個說謊的騙子，然後開始表現出那樣的行為。最後可能導致錯亂，那些經驗再也壓不住，整個爆發出來。

想像一下，錢幣騎士逆位是你的同事。只要任何新穎創新的點子，幾乎都不可能得到他的支持。他會拖慢整個工作計畫，開一些愚蠢的惡作劇玩笑。這個人的人生志願其實是當一名農夫，但他的家人強迫他要從事電腦科技行業的工作，那他該怎麼辦？他其實只想要在陽光下，把雙手伸進泥土裡。最後，我們就只能得到一個扭曲的、心懷不滿的、不快樂的錢幣騎士。你之所以跟他相處困難，根源可能在於他內心被壓抑的挫敗感，以及他沒有機會去展現他真正的天賦才能。

想出三位（超過三個也可以）因為「行為不當」而聞名的公眾人物，比如演員、運動員、書籍或電影中被稱為「壞男孩或壞女孩」的角色。他們會是哪幾張逆位宮廷牌？將逆位牌轉成正位。是哪些原本正向的特質受到貶低、壓抑或不允許他們發揮出來，才導致挫折和不當的反應行為？

想一下你真實生活中的一個或兩個人，在工作上、家裡或朋友當中，他們曾經傷了你的心。這些人是哪幾張逆位宮廷牌？將逆位牌轉成正位。你是否能從他們身上找到一些特質，可以讓你看到他們的另一面，對他們有不同感受？

解讀逆位宮廷牌陣

這個牌陣只會用到宮廷牌。從上面的練習中選出一張逆位宮廷牌（作為象徵牌），代表一個跟你相處困難的人。首先，想一下這個人最好的性格特質是什麼（從正位牌來看）。然後將其餘的宮廷牌充分洗牌，要一邊洗牌、一邊把牌隨機上下翻轉（讓牌可以出現正位和逆位）。然後提問：請塔羅牌告訴你，應該如何跟這個人相處。接著，翻開最上面一張牌，放在最開始你選的那張逆位牌的左側。如果現在翻開的這張牌是正位，那表示你可以跟這個人公開直接做溝通。如果是逆位，那代表你暫時不該對這個人採取行動（如果這張是正位牌代表你會做的那些事）。這張牌是代表你現在的主要行動方式（行動牌）。

接著，用剩下的那堆牌開始翻牌，直到翻出第一張逆位牌（如果你的行動牌是正位），或是直到翻出第一張正位牌（如果你的行動牌是逆位）。翻出的牌愈多，表示這

逆位宮廷牌陣

抽到的第一張正位牌
該採取的行動

象徵牌
代表與你相處困難的人
（逆位牌）

抽到的第一張逆位牌
不該採取的行動

✦ 重新檢視象徵牌

藉由本章（和前幾章）的練習，我們有機會可以更深入去熟悉每一張宮廷牌。就跟認識新朋友的過程一樣，我們已經超越第一印象，對每一張宮廷牌的面貌有了更多的了解，包括：他們是什麼角色，他們如何對待別人，以及他們自己是什麼樣性格的人。現在，可以回來檢視你之前所選的那張象徵牌了。就從本章前面提到的性格測驗結果開始。把你得到的測驗結果，跟你對每一張宮廷牌的分類做個比較。是不是有哪一張牌跟你自己的性格特別「相符」？是哪一張牌呢？跟你在本書〈前言〉當中選出的那張象徵牌是同一張嗎？你也可以重新檢視第三章裡面你指派給每一張牌的角色和職業，看看有哪些牌跟你自己的情況相符。

無論對你自己或其他任何人，都沒有所謂「唯一正確」的象徵牌。因為我們都會以不同方式，在不同時間表現出每一張宮廷牌原型的性格。你愈能從每一張宮廷牌中看到自己，你就愈容易了解他們，也愈能在占卜中解釋他們的角色。請記得，就算你在牌陣中沒有正式使用象徵牌，你設定的那張主要象徵牌也會在占卜解牌中別具重要性。

1 嘉娜・萊利（Jana Riley）關於宮廷牌和「邁爾斯—布里格斯性格分類系統」（MBTI）的論述，參考其著作《塔羅辭典與綱要》（Tarot Dictionary and Compendium）。琳達・蓋爾・沃爾特斯（Linda Gail Walters）的論述資料請參考網站：http://members.cts.com/king/s/saoirse/TarotCourtCards.html

2 請參閱瑪莉・K・格瑞爾的著作《跟著大師學塔羅逆位牌》，了解更多解讀逆位牌的方法。

第5章

宮廷人物的人際關係

THE COURT RELATIONSHIPS

人們來做塔羅占卜時，問到關於人際關係這個主題比其他任何問題要多很多。宮廷牌特別能夠回答人際問題，是因為他們可以非常簡單明瞭地揭露出人們如何看待自己和他人。我們的許多次人格跟特定關係型態有非常密切的關連。從我們的朋友、戀人、家人，以及跟我們一起工作的同事身上，我們都能看到自己性格內的不同面向——當然，他們也會在這樣的關係中透露出他們自己的性格。

在關係中，既存在著個人現實（private reality），同時也存在著共同現實（shared realities）。所謂「共同現實」就是這個關係當中所有人的外顯行為，包括他們的所言和所行。個人現實則是指每一個人內在的種種，包括欲望和目標、情緒感受，以及個人看法。我們往往會試著從他人的外顯行為去推斷他們的個人現實，同樣的，我們也會透過外顯行為表達出我們的內心世界。雖然這兩種過程都不是那麼可靠穩當。就算我們很努力想要做出清晰真誠的溝通，但我們也會在溝通過程中使用個人過濾器，以致造成了意義上的扭曲。

塔羅牌可以幫助我們看到其中一些過濾器並做出補償。比如說，你是不是認定你的母親就是寶劍王后，覺得她對你的勸告總是冷酷又無情？這樣的看法，尤其是在你意識沒有覺察的狀況下，你會無法明白她的動機，也沒辦法去欣賞她對你的看法。當我們看到自己的感知以具象化的型態呈現在塔羅圖像中，它就變得比較容易辨識、承認，也比較容易去面對和處理。

✦ 朋友與家人

列出三或四位你非常熟悉的人。在每個人旁邊寫下你認為那個人最貼近哪一張宮廷牌。

要知道，每一個人都有他或她自己的面具、角色以及次人格，跟你一樣。現在，想一下，這些人會幫自己挑選哪一張宮廷牌呢？你對他們的印象、跟他們對自己的看法是否不同？如果有機會，不妨請這些人自己選一張他們認為最能代表自己的宮廷牌。為什麼他們會選擇那張牌？跟你為他們選出的牌做一下比較。

想一個你生活中與你互動最多的人——可能是你的小孩、父母親、朋友、其他重要人士，或是工作上或學校裡的某個人。如果你可以幫這個人每天做塔羅占卜，你會發現，他（或她）在不同的日子會以不同的宮廷人物出現。事實上，最後你甚至能夠根據占卜牌陣中出現的宮廷牌，來預測此人在某一天跟你的相處情形。

在一般情況下，蓋爾認為她的先生瑞克應該是權杖騎士，因為他是射手座（火象星座），而且總是一天到晚忙個不停。不過她發現，只要她的每日占卜裡面出現寶劍國王，那一天瑞克就會變得要求很多，而且很挑剔。如果出現聖杯騎士，她就能預期蓋爾會比較有同理心，也比較浪漫。如果出現寶劍侍者（他們沒有孩子），那代表瑞克那天可能會有受傷小孩的心情。當她對這樣的模式變得愈來愈敏銳，她開始發現到，瑞克的這些反應跟她自己的課題及態度有關，而她其實可以在預期對方反應的同時，開始調整她自己的心態。

與其試圖去猜測哪一張牌代表什麼意思，不如好好做筆記，然後在你的實際占卜解牌中去觀察這些牌的含義。只有這樣，你才能知道自己是否能夠由出現在占卜牌陣中的宮廷牌，來預測對方的心情、行事作風、態度、行為，或是他們關注的焦點。

✦ 影響力人物牌陣 1

只使用宮廷牌來做一個單張牌占卜，問這個問題：「誰對我的童年發展影響最大？」確認一下這張宮廷牌是代表誰，還有這張牌反映出此人的什麼性格。用整副牌剩餘的牌抽出另一張牌，代表他（或她）對你最大的影響是在哪一方面。

✦ 投射

榮格心理學提出一個理論架構，讓我們可以從一張宮廷牌同時看到我們自己和別人。這個概念稱為「投射」（projection），意思就是說，我們會將自己內在的人格特質投射到身邊其他人身上（或推給身邊其他人），無論他們是否真的具有那些特質。他們變成我們自己內在陰影的鏡像反射（mirror reflections）。它是這樣運作的：你會在別人身上注意到某些人格特質，但你不承認自己身上有那些特質——無論是正向的還是負向的。結果是，你往往會讓那些人表現出你潛意識中對自己和自己內在狀況的看法，或是如果他們沒有這樣做，你就會對他們生氣。

當一個占卜牌陣中出現宮廷牌，你可以從中看到，你是不是自己「拋棄」了某些權力和能力。你期待別人來為你承擔你生活中的什麼角色呢？這樣的投射在兩性互動間尤為明顯——舉例來說，當一個男人內在陰柔的女性面向受到壓抑、不被允許表達出來時，他就會找一個女人來幫他把這部分的特質表現出來，反過來也一樣。一旦你能夠放掉這樣的投射，不把它投射在別人身上，你就等於將別人鬆綁，讓他們可以做他們真正的自己，同樣的，對你自己也是如此。

還有另一種投射的型態，與我們自性中的陰影我（shadow self）有關，也就是說，我們會試圖否認自己內在的某些負面特質，而反過來認為是別人有。陰影就是你不想要的那個自己。不妨注意一下，你覺得別人有哪些行為讓你生氣。你自己是不是也曾經做過那些事？或是其實你很想這樣做，但卻認為是別人想做？只要是被你隱藏起來的部分，一定會在你不知不覺間表露出來。其中有一些投射是所謂的「明亮陰影」（bright shadows），也就是你認為自己不值得擁有的才華與能力。每一個投射裡面中都藏著寶藏。當你有意識地把正向和負向的特質都整合到自己身上，你就能卸下自己內心的重擔，將你的能力完全發揮出來，並善用你的力量。

✦ 承認自己在投射

如果問卜者很快就認定某張牌就是指某一個人（尤其是跟問卜者相處困難的那個人），那麼就值得認真考慮，這張牌很有可能就是代表這位提問者自己。雖然直接對問卜者說「你在投射！」或許不是最好的方法，也可能對占卜解牌沒什麼幫助，但重要的是，占卜師要對這種可能性保持警覺，而且要認真去思考，這樣的解讀對這次占卜會帶來什麼影響。尤其是幫自己占卜的時候，這個問題更是棘手。解決方法是，讓自己養成一種習慣，每次解牌時都先將宮廷牌解釋為當事人自己內在的性格面向，就算一開始會覺得不舒服。這樣你就永遠都有餘地，可以隨時退回來將這張牌解釋為另一個人，如果你發現這樣的解釋更符合實際情況的話。

最後一件事：在解牌時，心中同時保有幾個不同層次的解釋，通常對解牌最有幫助，而非認定只需要一種解釋，而拒絕其他的說法。在我們的各種人際關係中，多少都會帶有一些投射在內，而塔羅牌之所以在占卜上具有優勢，主要原因就在於它能提供多層次的解釋。每一張塔羅牌，特別是宮廷牌，都具有一種能力，可以同時攜帶多種相互補償的含義。一個人在想像力中保有愈多的可能性，他就愈有能力在占卜解牌中看見對個案有益的訊息。

陰影投射練習

第一步

從整副牌中將十六張宮廷牌拿出來。全部牌面朝上，逐一檢視每一張牌的圖案，然後根據自己的想法感受挑出一張牌，代表你無法忍受或不喜歡別人身上有的一種特質或性格。

- 你認為誰最能代表這個陰影特質？（你認識的人或公眾人物皆可）
- 如果這是你內在性格的一個面向，它會如何破壞你的人際關係、扼殺你的靈魂、阻止你實現自己的夢想？它是不是一直在告訴你，說你不夠好？

要承認自己內在也有這個特質，可能很困難，因為你可能一輩子都在拒絕它。如果你在這個問題或以下其他任何一個問題有需要幫助、想要尋求解答，可以從剩下來的牌中抽出一張牌，請它來幫忙回答這個問題。

第二步

根據你的想法感受選出一張牌，代表你自己想要擁有，以及想在別人面前展現的人格特質，而不是對自己不滿意、帶有破壞性，或是認為自己不好的部分。

- 這張牌是你用來隱藏「陰影我」的面具嗎？這個面具如何騙人？

第三步

回到第一張牌，回答下列問題：

- 為了隱藏自己內在的這個部分，你說了什麼謊來隱藏真實的自己？
- 當你否認陰影面，你是不是少了什麼東西？舉一個它的「反面」（opposite）但很有價值的人格特質（例如：如果你否認自己有「偏見」，它的反面特徵可能是「接納」）。
- 這張牌渴望或想要什麼東西？如果你不清楚，可以試著問牌面上的人物渴望什麼。
- 你要花多少力氣才能將這個陰影壓下去，不讓它浮出表面？
- 你要如何拿掉面具或展露出你自己內在的這個部分？你要如何才能接受自己內在最深層、最黑暗的這一面？
- 你的陰影為你帶來什麼禮物？
- 你需要做什麼事情，來讓自己覺得表露「陰影我」是沒關係的？

第四步

將整副牌全部牌面朝上，逐一檢視每一張牌，然後根據自己的想法感受選出一張牌

（不要宮廷牌），用來代表你需要做什麼事情，來讓自己覺得表露「陰影我」是沒關係的。然後把整副牌翻成背面（牌面向下），開始洗牌，把牌攤開成扇形，再隨機抽出一張牌來代表同樣這件事。這兩張牌（一張是根據自己想法感受有意識的選擇，一張是隨機抽出）分別建議你做什麼事？

- 如果你不對這個人做出投射，那對方會是什麼樣的人？

✦ 嚮導、老師和導師

每一種宮廷人物性格（尤其是當它被視為一種原型時，如第四章所述），都可能出現在我們真實生活中，成為像是老師一樣，教導我們認識自己內在未被承認或未被發現的那些性格面向。他們會變成一種角色模範，讓我們知道該如何思考和行動，或是以他們作為負面借鏡，不要去做某些事。每當你發現，占卜牌陣的某個陣位出現宮廷牌，但你覺得不知道如何解釋才對，不妨問問自己，這張牌要教導你什麼。你的真實生活中是否有某個人，他的才能、性格或行事作風也許可以成為你的典範，讓你知道該做出什麼正確行動，或是避免做出什麼行為？這個人建議你怎麼做？

與你的內在宮廷老師接觸

要找到你的內在宮廷老師，可以看你的月亮星座所對應的宮廷牌，或是參考第六章的內容，有提供更詳細的星座區間對應。如果你手邊沒有這些資訊，或是如果你想要用另一種方式來找到宮廷老師，你也可以選擇一張你覺得最能代表你內在老師的牌，或是利用以下這段冥想練習，讓這張宮廷牌自然出現在你眼前。

將十六張宮廷牌全部擺在桌上，然後選出一位你覺得最能代表內在老師的宮廷人物——也就是說，你可以仰賴這個性格的人來作為內在指引，讓你在某個領域發揮出最大潛能。花點時間，靜靜跟這個性格在一起；問問你的高我，對這位老師是否有任何異議。如果你沒有強烈感覺到「不是」、或有任何不舒服，那就繼續這個練習。在《靈性嚮導：接觸你的內在世界》（Spirit Guides: Access to Inner Worlds）這本書中，作者邁克．薩繆爾斯（Mike Samuels）與哈爾．班奈特（Hal Bennett）提供了一些很好的建議，來幫助你檢視冥想過程中接收到的訊息，更具體來說，他們提出了一些判斷標準，告訴你如何去檢視你收到的訊息是否真的來自「靈性」本源，或者那是來自所謂的「靜態自我」（ego static）。總結如下：

1. 你的肌肉放鬆嗎？你覺得整個人很輕鬆嗎？（來自靈性）
2. 這個訊息是否不帶判斷？（來自靈性）
3. 它是否不會傷害到任何人？（來自靈性）
4. 它是以愛為基礎嗎？（來自靈性）
5. 它讓你感到開心或滿意嗎？（如果是，那它可能是你的自我在說話）
6. 它讓你看到你內心的懷疑和恐懼嗎？（那它可能是你的負面陰影在說話）

把你的塔羅筆記放在手邊。將這張代表你內在老師的宮廷牌放在你面前。仔細看這張牌，然後閉上眼睛觀想，讓它浮現在你的腦海中。睜開眼睛，查看牌面上的細節，然後再閉上眼睛，直到你能在腦海中把它觀想得非常清楚。全身肌肉放鬆，開始做深沉均勻的呼吸，把注意力放在你的腹部，吸氣時察覺你的腹部往外擴張，吐氣時腹部往內收縮。

觀想自己是一棵大樹，你的根扎入大地，愈扎愈深，直到進入地心的一個洞穴。然後，觀想你順著這條樹根往下降，好像坐電梯一樣，深入到這個洞穴中。看看身邊四周的景象，洞穴的牆壁、地面、顏色，以及裡面的擺設。感受一下那裡的溫度、氣味、質地紋理。如果你的畫面很模糊，好像根本「沒看到」任何東西，那也不要擔心。你也可以自己營造一個想像的空間環境。

你的內在老師向你靠近，親了一下你的額頭，打開你的內在眼睛，庇佑你和保護你；然後他或她摸摸你的心臟，使你能夠只接受以愛為根基的思想。觀察你的內在老師；看看這位老師身邊四周的環境，其顏色、形狀、聲音和質地是否有什麼變化和增強。如果你很難「看到」，請不要擔心。用你所有的內在感官，去感受那些微細的變化，注意你自己身體的反應。通常會有某些符號、圖像，以及感覺印象出現在這個人周圍，或是在你的意識中閃現。要仔細注意。

現在，你可以對你的老師提出任何問題，比如：

- 你要教我什麼？
- 我如何才能充分利用塔羅牌？

- 這個時候我需要做什麼來精進我的塔羅解牌技巧？
- 哪一張宮廷牌是代表我內在最需要覺知的那一面？
- 〔插入某張牌或某個符號〕，這句話是什麼意思？

你也可以請他指引你找到其他方面的協助者，比如身體治療、人際關係、工作、創意、前世或來世、政治和全球議題方面。

完成這段冥想之後，對你的內在老師表達謝意。用幾分鐘時間，在心裡表達感謝，並接受他最後傳送給你的覺知訊息。沿著原來那條樹根慢慢往上升，將覺知意識帶回到你的身體。當你覺得可以了，就張開眼睛，同時吐氣，然後大聲說出自己的名字。

回到當下狀態後，把你記得的印象寫下來。包括你內在老師的外貌模樣、那個洞穴、你提出的問題、老師的回答，還有你腦海中出現過的任何畫面或場景——即使看起來彼此沒什麼相關，也全部寫下來。

✦ 宮廷人物的對話

如果在一個占卜牌陣中出現好幾張宮廷牌，那代表有好幾個人牽涉在這件事情當中，而他們的需求或任務都不相同，抑或代表一個人內在自我的不同面向，而這些面向渴望的東西都不一樣。有的時候，也有可能這兩種情形同時存在。這些人可能是在你身邊鼓勵和支持你的人，或是你內在不同面向的呈現。

透過對話，可以讓每一個人物陳述出他們各自的想法和意見，說出他們內心的渴望和緣由，以及他們提供的建議。牌陣中出現的這張宮廷人物牌，可能是在跟問卜者說話，也可能是要跟另一張牌交談。它能夠揭露出某件事情的正確與錯誤之處。好幾個不同性格的人在一起腦力激盪，比單單一個人的效果更好，因為你可以得到各種不同的觀點和作法。

讓宮廷人物來進行對話和交換意見，是一種非常棒的準備工作，讓他們所代表的真實人物可以事先進行交談。因為對話中出現的話語都是由你來說出，因此你可能會更願意接受和理解對方的觀點。而他們也能夠允許你發洩你的挫折，願意說出或傾聽社會習俗可能不允許的事情或是禁忌，並揭露出你不願意承認的事實。

占卜牌陣中出現的每一張宮廷牌，都可能成為你的內在老師。你可以詢問他們對於這次占卜中其他牌的看法，或是請他們提供關於這件事情的不同觀點，為這件事情打開新的可能性或見解。如果你喜歡他們其中某個人的建議，那你就可以邀請他作為你的嚮導，請教他如何處理這件事情，並在需要時將那個次人格呼喚出來。

沒有理由一位塔羅占卜師不能在解牌過程中向問卜者提出這個問題：「位於『不久將來』這個陣位的權杖騎士，會建議你對位於『身邊處境』陣位的寶劍五做什麼事呢？」寶劍五這張牌裡面，一個人擁有全部的劍，另外兩個人背對他正在離去。權杖騎士似乎不是那種會臨陣脫逃的人，但他又似乎比這個擁有全部五把劍的人更具有同情心。他的馬和盔甲給了他優勢，還有他開朗的性格可能有助於減少一些陰霾情緒——不過這些解釋全都得取決於進行占卜的人當時的看法。

對話可以是一個人與一張牌對話，也可以跟好幾張牌對話。無論是用書寫的方式還是直接說出來，都可依照以下原則來進行：

- 把對話寫下來，寫成像是電影劇本的形式，每一位說話者的台詞單獨成行。如果你書寫的速度很快，可以使用破折號或第一個字母來代表不同的說話者。

- 書寫、打字或說話，都請保持連續，不要中斷。盡量不要思考，直接把頭腦裡面最先出現的東西說出來或寫下來就好。如果你是用書寫的方式，請盡量讓筆保持在書寫狀態不要停，不要擔心字跡潦草、筆畫錯誤或是文法問題。
- 從你所能想到最簡單的事情開始破題。隨著對話的進行，內容會自然加深。
- 注意你腦海中閃現的圖像（通常是一些記憶片段），然後試著把它們統整起來。
- 注意牌面上出現的實體物件和環境狀況。問問牌面上這個人，他要用這些物件來做什麼。
- 嘗試進行角色互換。所有出現的圖形肖像，無論是不是人類，都可以提出問題和回答問題。讓他們對你提出挑戰、跟你辯論，或是讓他們相互辯論。
- 想像某張牌裡面的一個角色進入到另一張牌的環境狀況中。會發生什麼事？

對話練習

- 準備好你的塔羅筆記或幾張紙和一支筆。先洗牌，然後從最上面一張開始翻牌，把最先出現的第一張小阿爾克那數字牌和兩張宮廷牌擺在你面前。想像一下，這兩位宮廷人物一起出現在這張數字牌所描繪的狀況當中。把那個場景寫下來，就像在寫一齣劇本一樣。

- 直接用你正在做的任何占卜牌陣來練習，只要牌陣裡面有出現至少一張宮廷牌即可。問問這位宮廷人物，他對這個狀況有什麼看法以及你應該如何處理這件事。如果宮廷牌不只一張，請分別詢問每一個人物的意見。然後，讓這些不同的意見彼此相互辯論。哪一個意見比較有說服力呢？你比較願意聽從誰的建議？
- 占卜牌陣中出現三張以上的宮廷牌。可以把他們想像成你內在不同的性格面向正在召開委員會。幫你的這些內在面向取一個名字來描述他的性格（比如評論家、沙發土豆、內在父親、你的童年小名等等）。然後召開會議，讓他們說出自己想要和需要的東西。你能不能找到一種方式，讓每一個部分的你都能得到想要的東西（雖然有時他只是希望自己的聲音被聽到而已），以此讓他願意配合讓事情順利進行？
- 當你讀到第六章有關「元素質性組合」（elemental dignities）的部分時，你可能還會用到這個對話概念。不同牌組和元素的宮廷人物，他們之間會如何形成彼此的助力，或是帶來挑戰或干擾，以及他們會用什麼態度跟對方相處，都會有更多的說明。

✦ 人際關係占卜牌陣

這個牌陣有助於澄清兩個人之間的關係問題。解讀這個牌陣時，最好兩個人都在場。任何一種類型的關係都可以。先洗牌，然後取七張牌，牌面朝下，擺出下方所示陣型：

- 牌1、2和3代表A這個人；牌5、6和7是B。牌4代表這段關係本身，也就是兩個人之間的關聯。從牌1開始，依序將牌翻開，但第4張請留到最後才翻。
- 牌1是代表A對這段關係的想像。通常是顯示此人自己所認定

關係占卜牌陣

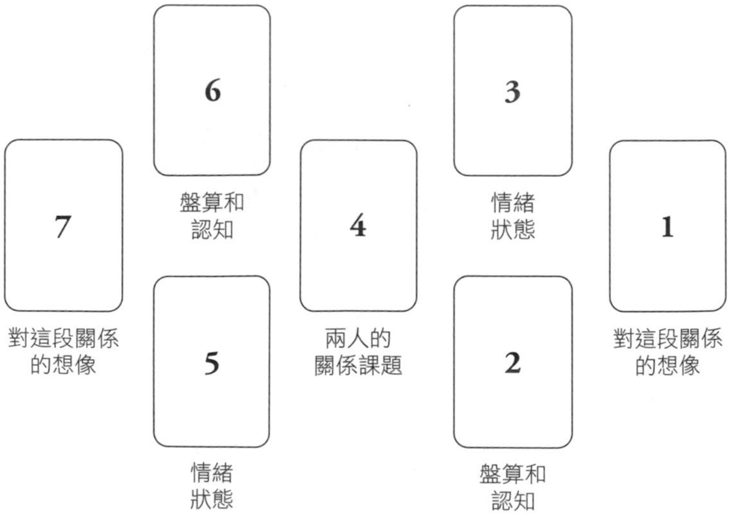

的印象，或是對這段關係的極端詮釋（比如過度理想化或偏執、最壞的情況）。如果這段關係是一場由A負責導演的舞台劇，那麼牌1就是代表舞台中央被聚光燈投射的場景或角色。

- 牌2代表A對這段關係的盤算和言詞上的認知。當A試著分析並客觀面對這段關係時，所得到的結果。請注意牌2和牌1的差別，牌1反映的是潛意識或「無意識自動產生」的感知，而牌2是反映心理意識層面的結構。
- 牌3是A在這段關係中的情緒感受狀態。牌3和牌2的差別就是心靈和頭腦的對比。兩者都是根據牌1的感知印象而有的，只是處理這個印象的方式不一樣。
- 牌5是代表B在這段關係中的情緒感受狀態。將這張牌與牌3進行比較，就能看到兩個人在這段關係中的情感互動變化狀態。
- 牌6是B對這段關係的盤算和言詞上的認知。當兩個人交談和進行協商談判時，就是牌2和牌6的互動。
- 牌7是B對這段關係的想像。請注意它是如何影響到這個人的想法和感受（牌6和牌5），還有它跟A對這段關係的想像（牌1）是不是有什麼差距。兩個人對這段關係的印象是一致的、相容的，還是各自用不同的劇本在導演這場戲？

• 第4張牌代表兩人之間的關係課題，也就是他們兩個人各自的高我應該要怎樣合作，才能使這段關係和諧順利。這張牌可以顯示出這段關係的首要課題，可能代表雙方會面臨的挑戰，或是一句忠告建議。通常，如果關係中的雙方都能擺脫他們對這段關係的個人想像（牌1和7），轉而共同去面對這張牌所代表的課題，那麼兩個人的關係就可取得進展。如果要讓兩個人在情緒感受上（想像從牌3到牌5畫出一條線）以及理性言詞上（想像從牌2到牌6畫出一條線）都建立起連結，那麼牌4就是這兩人必經的交點。

雙方各自擁有的這三張牌，能夠讓他們看到此刻在這段關係中他們自己內在的世界是什麼樣子。解牌結束之前，請雙方（在占卜者的協助下）各自選出一張宮廷牌，能符合上述牌陣中自己所呈現出來的潛意識、情感和心理特質。有時候，這張宮廷牌已經出現在牌陣中；更多時候，你需要翻遍整副牌才能找到這張最符合的宮廷牌。將雙方選出的宮廷牌放在第4張牌的兩側，然後將牌陣中的其他牌移開。看看兩張宮廷牌，它們各自跟第4張牌存在著什麼關聯性？（請注意他們的臉朝什麼方向，以及他們各自相互吸引的程度高低。）這兩張宮廷牌要如何利用牌4來作為兩人相處的共同基礎？

✦ 關係占卜該注意的倫理

如果占卜時當事人有一方不在場，那可能會引發某些道德問題。若未經當事人許可，很多占卜師都會拒絕幫人做占卜。原因在於，這會涉及隱私問題。因為紙牌可能會洩露出他或她不想讓人知道的某些事情。

當一個問卜者來占卜，希望能知道另一個人（比如他的配偶或情人，或是小孩）的生活狀況時，通常會引發更細微的問題。問卜者可能會將他們自己對這個人的期望和擔心投射到紙牌上。占卜牌陣中出現代表「問題」的牌，可能在比例上會偏高，或因為問卜者覺得「不準」而拒絕接受。問卜者對不在場那一方的看法，有可能並不公平，或對解牌無益，而占卜師在解牌過程中，也可能一不小心就憑藉表面價值來支持和增強那些看法。除了隱私問題之外，也有可能涉及對第三方多嘴八卦的風險。尤其，如果這位占卜師同時也認識不在場的這個人，那更是尷尬。

若未經他人許可就幫人做占卜，也可能會背負靈魂和業力的問題，因為你不請自來就干涉他人的生命。

減少這類道德問題的其中一種方法是，永遠要以提問者（主動來問卜的人）作為占卜解牌的主要對象。不要幫問卜者的配偶做占卜，而是要幫問卜者的婚姻狀況做占卜，把焦點放在婚姻雙方的關係上，而非放在配偶身上。或者，你可以把焦點放在問卜者對一段關係的期望和需要上。雖然，把焦點放在問卜者的關係或個人需求上，這樣的占卜還是會讓第三方出現在占卜中，但那個資訊的內容，主要是基於問卜者自身的看法、選擇、感受的脈絡下產生的。

時時記得這件事（而且，務必向問卜者說明清楚），將會對解牌有幫助：塔羅牌其實是一種相當個人性質的媒介，它會受到占卜師、問卜者以及占卜牌陣中可能出現和牽涉到的其他人強烈影響。因此，對於不在場的一方的見解，也應「歸屬於」問卜者和占卜者。如果不在場的一方針對同一件事情自己來做占卜，那牌陣可能會呈現出完全不同的面向。關係占卜呈現的是，站在問卜者的立場來看其他人所呈現的狀況，而非在這個脈絡之外其他人的實際情況。

當然，謹守自己專業領域的分寸，這類一般性的警告也適用於關係占卜。塔羅牌占卜師不應該提供醫療或法律方面的建議（除非他們在這些領域有受過訓練和取得證照資格）。很顯然，關係諮商的範圍有點模糊，因為問卜者也會希望從塔羅諮商中得到一些有用的建議。儘管如此，占卜師還是要有能力去辨明，問卜者什麼時候需要去找家庭諮商專家幫忙。這件事很重要。

✦ 找出宮廷牌中的人物配對[2]

某一牌組的成員不一定會被同牌組的其他成員吸引。他們之中有很多人可能更喜歡其他牌組的人物。誰會跟誰發展出感情？現在你的任務就是找出這些人物，誰跟誰成雙成對。將所有宮廷牌排成一橫排，然後開始移動這些牌，直到找出看起來可能相互吸引的對象。找到配對之後，說說他們的故事。這些人物的臉所朝的方向，可能會顯示出他們之間感情關係的各種微妙變化。將牌前後移動（把一張牌移到某張牌的左邊或右邊），是不是會改變他們之間的互動型態？

舉個例子，以馬賽牌來說，錢幣國王和寶劍王后是屬於成熟的、相互敬愛的關係。權杖王后在玩弄權杖騎士（他是雙性戀而且跟寶劍侍者有染）。權杖國王在跟年輕少女聖杯侍者約會（她剛展開高級妓女的職業生涯）。寶劍國王和聖杯王后真心相愛。但同時，聖杯騎士也在追求聖杯王后，但他的愛並沒有得到對等回應。權杖侍者和錢幣騎士是屬於柏拉圖式（士兵同袍）的關係，但錢幣騎士的弟弟錢幣侍者還是在嫉妒他們。聖杯國王和錢幣王后是基於利益而結合的形式婚姻，王后放縱國王恣意飲酒，而他也欽佩她的生意頭腦，這讓他可以繼續放縱自己。寶劍騎士則是一直在嫉妒別人的幸福（見下頁馬賽牌）。

✦ 人物牌占卜牌陣

這是一個簡單的兩張牌牌陣，但有助於了解目前兩人關係中不斷變化的互動型態，也可以知道為什麼有些人可以在很短時間內就進入到你生活中。你也可以從中發現先前未曾意識到的自己。任何一種關係型態，包括家人、朋友、同事、師生、情人，以及跟我們內在的不同面向的自己，都可使用這個牌陣。它還可以延伸更多資訊，我會在後面章節介紹。

這個牌陣只用十六張宮廷牌，你抽出的第一張牌會告訴你，目前你正在從某個人身上學習的特質。然後你會再抽出第二張牌，代表他們正在從你身上學習的特質。結果牌是代表這些人目前對你的印像以及你對他們的印象。如果這些牌所描述的特質跟你對自己的看

古代馬賽塔羅中的人物配對

法有差距，那麼不妨問問自己，為什麼你不知道自己擁有這些特質。

雖然你也可以自己一個人做這個占卜，但如果你第一次先跟一位朋友一起做這個牌陣，你會更了解這個牌陣是如何運作的。雙方各自先隨機抽出一張宮廷牌，代表你們從對方那裡學到的東西。然後根據你抽到的這張牌，告訴你的伙伴，你從他或她那裡學到了什麼。你可能會對他們在你身上看到的東西感到非常驚訝。他們對你的看法，可能是你從未在自己身上看見的。先跟你和朋友一起有過這個體驗，當你自己一個人做這個占卜時，你就會更了解那些牌是代表什麼意思。

首先，將十六張宮廷牌充分洗牌，然後攤開成扇形，牌面朝下。

1. 用左手選一張牌來代表你正在向對方學習的特質。將這張牌放在左邊。

2. 用右手選一張牌來代表他們正在向你學習的特質。將這張牌放在第一張牌的右側。

進一步探索

分別幫每個人再抽出三張牌，代表你們雙方分別能從什麼事情當中獲得學習機會。它們顯示的是你跟對方互動和學習的發展階段：

1．什麼事情？
2．目前情況
3．未來可能發展

將這些牌的含義全部綜合起來解釋，看能否描述出你們目前遇到的某件事情，或是你們雙方關係的互動狀態。

✦ 群體互動

我們大多數的人際關係都不是單一的，而是跟一個群體內所有人之間不斷變化的互動。

群體關係牌陣 3

把十六張宮廷牌拿出來。選一張象徵牌代表你自己。列出你有興趣了解其成員關係的某特定團體，把成員名單列出來（最多列出十五人）。他們可能是你的家人、同事、朋友、工作團隊成員，或是其他重要人士。幫每一個成員編號，然後以你的象徵牌為圓心，將這些人依照你給的編號在象徵牌外圍排成一個圓圈。

將剩餘的十五張宮廷牌充分洗牌（也就是不包括你的象徵牌），然後用隨機抽牌的方式，將抽到的牌放到這些位置上。把牌翻開，看看他們出現什麼不同的角色和心態。你的父親是依賴心很強的侍者嗎？你的孩子是霸道的國王嗎？誰的臉朝向誰？誰的眼睛在看別的地方？誰跟誰是屬於同一個牌組，誰跟誰的牌組相對衝？

如果你想將這個占卜牌陣加以延伸，可以用整副牌剩下的那些牌（除了已經使用的宮廷牌之外）重新洗牌，切牌，然後在每一張宮廷牌旁邊發一張牌。這張牌就是代表你跟這個人之間可能存在的關係問題或溝通型態，或是告訴你該如何跟他們互動的建議。另外再隨機抽出一張牌，放在你的象徵牌旁邊，這張牌代表你的整體感受或回應方式。

✦ 牌陣中出現多張宮廷牌

如果一個占卜牌陣中出現好幾張相同位階的宮廷牌，值得特別注意，因為這往往意謂著這些人之間存在著某種特定關係——通常可能代表同輩、同事，或是代表我們自己內在的各個面向。如果光用每一張牌的預設含義來解釋，可能會有點生硬不自然，而且無法符合真正的情況，這時不妨思考其他的解牌可能性，讓你的解讀內容更為豐富。

國王牌

多張國王：獲得公眾認可、知名度、受尊崇、一場商務會議、呆滯乏味使人窒息、責任義務的衝突。

兩張國王：合夥關係、基於利益而訂立的契約或交易、相互矛盾的意見。

三張國王：意料之外的聚會、盛大成功、大權在握、締結條約。

四張國王：無上的權力、為了掌控權而爭鬥、因盲目獨斷或狂妄自大而使事情複雜化、大範圍的限制、絕對的界限。

沒有國王：缺乏決斷力、權力以及外在權威；現在可能不是採取行動的時機。

王后牌

多張王后：八卦、喝咖啡聊是非、女性團體、嫉妒、占有欲。
兩張王后：朋友、熟人、競爭對手、需求相衝突。
三張王后：有權有勢的朋友、同情心、敵意、陰險刻薄。
四張王后：權威和影響力、極有教養和文雅、過度內向內省導致紛亂、太多照護者。
沒有王后：內省、關懷、敏感體貼、同理等這些能力都很缺乏。

騎士牌

多張騎士：動能很強（動作很多）、活力充沛、各種運動、軍事、訓練。
兩張騎士：法律或訴訟案件、保護、競爭、任務相衝突。
三張騎士：位階和榮譽、爭奪統治權、各個不同方向的發展、同胞。
四張騎士：達到極致巔峰、混亂糾紛、局勢失控、雄性荷爾蒙激增、戰爭心態。
沒有騎士：情勢發展極為緩慢、沒有太多動作或行動。

侍者牌

多張侍者：小孩子、新的想法和計畫、需求相衝突、玩樂、學習。
兩張侍者：友誼、分享、交流、競爭、利益或關注點相衝突。
三張侍者：青年社群、盟友。
四張侍者：小學、初級階段、很努力要起步、過度遲緩、極端天真。
沒有侍者：沒有朋友或小孩；缺少謙卑、新鮮感或玩心。

各種不同組合

國王與騎士：交付責任、指導、指引方向、宮中叛變、挑戰、相互吸引。
國王或王后與侍者：教導、親子互動、年齡或身分地位差異很大的情感關係。
國王與王后：相互吸引、一對夫婦、可能早已建立或長期的情感關係、父母親。
王后與騎士：外遇、浪漫愛情、宮廷式的愛情觀、證明自己的價值、展開追求。
一張王后及數張騎士或國王，或是反過來：從多位戀人當中做出抉擇、爭寵、競爭、嫉妒、用多種不同行事作風和態度去應對某一個人。

數張騎士和侍者：學校、學院、兄弟會、學院、幫派、田徑隊。

✦ 夢中的自己

選擇一個你想探索的夢。列出夢中出現的每一個人物，包括看起來像人的動物。憑你的感覺想法，幫每一個夢中人物各選出一張宮廷牌來代表他們，包括夢中的那個「你」。雖然夢境可能代表你真實生活中的人際關係，但每一位夢境人物也可能是代表你內在自我的一個面向。你可以用宮廷牌來確定每一個夢中人物是代表你自己內在的哪一個部分（請參閱第四章的角色、面具和次人格列表）。

用全部剩下來的牌，另外再隨機抽出幾張牌來取得資訊，看這位人物來你夢中是要做什麼。你也可以用抽牌的方式，來了解夢境中出現的其他符號和事件的含義。

1 經許可使用之牌陣。泰瑞莎・密契爾森（Teresa Michelsen）是月亮鹿林出版社塔羅叢書《自己發明塔羅牌陣》（Creating Your Own Tarot Spreads）的作者。

2 這道練習讓法國人了解到，並非每個人都只能與自己同牌組的成員配對。此練習最早是由巴黎的瑪莉・勒康提（Marie LeConte）所提出，後來傳授給瑞秋・波拉克。

3 經許可使用之牌陣。此牌陣的基本格式最早是來自紐西蘭奧克蘭的占卜師兼塔羅教師芬恩・莫西耶（Fern Mercier）。

第6章

宫廷人物和宇宙

THE COURT AND YHE COSMOS

到目前為止，我們都是把解牌重點放在以宮廷牌來代表某個人，或人們所展現出的人格特質。但是，若從形上學的角度來看，可以發現更多東西（形上學是哲學的一個分支，就是對事物的真實本質提出疑問的一門學科）。很多靈性傳統都認為，人類本身（微觀世界）和整個宇宙（宏觀世界）似乎擁有相同的基本運作原理，其中一方受到影響，另一方同樣受到影響。這個觀點簡單說，就是赫密士學派「如在其上，如在其下」（As Above, So Below）的概念。

現代科學以還原法來尋找宇宙的根本運作原理，將複雜系統加以分析，來得到其細部組成成分，並從中找出是什麼法則在支配這些成分的活動行為。從這個角度來看，人和宇宙之間的連結是，他們兩者都是由相同的基礎成分（次原子粒子／subatomic particles）所組成，也是透過相同的根本力量在相互作用。

不過，也有許多靈性傳統是用類比法，而非還原法來尋找宇宙的根本運作法則。從這個角度來看，人與宇宙之間的連結就是一種象徵類比（symbolic parallels）。我們可能會在大自然的力量、行星的運行，或是我們周遭的植物和動物身上，看到我們自身和我們內在人格特質的反射。由於不同的文化會以不同的方式看待這些象徵類比，因此也各自發展出不同的形上學系統。而且這些系統也會將各自文化中的宗教和神祕傳統融合進去。

我們先前都是把重點放在歐洲傳統中最古老的形上學系統之一，也就是火、水、風、土的四大元素概念。當然時至今日，我們發現到的基本物質也不僅僅是這四項；但對古人來說，這四大元素就是萬物共有的原始特性。它們適用於分析人的性格，同樣也適用於分析外部世界的各種現象。四大元素的概念早已普遍深入西方世界的形上學思想中，在占星學、卡巴拉及魔法中扮演著關鍵性的角色。

古代的人從萬事萬物中皆可看見形上學含義，無論是大自然界、人類性格，甚至是社會結構，無所不在。來自遙遠的愛爾蘭和印度的各種印歐文化，都曾以這四大元素為基礎，建構出各自的宇宙論。人們認為世界是由天空、水以及陸地組成的，而火是一種神聖元素，是為人民帶來福祉的核心，也是國王的特權。這些文化也經常將人分成三個種姓或階級：祭司、戰士、農民，每一個階級各有其功能。國王再次成為核心人物，對其他三種人負有義務。有趣的是，當時的戰士通常是跟水相連結，但現代塔羅牌使用者則傾向於將戰士牌與寶劍牌與風元素（天空）相對應。

✦ 新柏拉圖主義

西歐文化中，最具影響力的形上學體系之一——新柏拉圖主義（Neoplatonism），是根據柏拉圖及新柏拉圖派學者的教導中發展出來的，此派學者闡述柏拉圖的思想已經有數個世紀之久。雖然新柏拉圖主義的起源早在「前基督教」時期即已存在，但這套哲學觀後來為了順應基督教的世界觀而有所改變，其思想後來也被納入基督教神學當中。

柏拉圖認為，心靈是比物質更為根本的實體（reality）。有一個單一的、神聖的心靈隱藏在一切萬物背後，純粹、簡單，而且完美。永恆不變且純粹的神聖心靈，與複雜且極不完美的塵世實體，兩者之間存在著極大差距，因此需要一個中間層界來將兩者聯繫起來。柏拉圖的理想形式層界（realm of ideal forms）就是這樣的一個中間層次。理型（forms）是精神的抽象化存在，好比一個完美等邊三角形的理型，或是一個完美人類的理型。我們與理型世界的連結，並不是透由我們的感官，而是透過沉思和抽象思惟，因為感官所能揭露的僅僅是物質世界中的諸多不完美摹本（approximations，或譯「近似物」）。

新柏拉圖哲學家認為，現實（實體世界）有許多不同層次，透過這些層次，神聖思惟變得愈來愈複雜和具體，最終，在最低和最後的層次上表現為物質的、俗世的色身。新柏拉圖主義為占星學的研究提供了理論基礎。恆星與行星，純粹的天界之光，高掛於空中，在其不變的、可預測的週期循環中運行，從物質層次進展到心靈層次，因此，觀察星體的運動，就像在窺視上帝的心靈一樣。

塔羅牌的大阿爾克那（大祕儀），很可能就是根據新柏拉圖學派的宇宙概念設計出來的，因為這個思想模型，對於義大利北部的早期文藝復興思想具有關鍵影響。至少，似乎描繪了一個從最平凡的愚人到世界牌之宗教象徵意義的發展過程（在十五世紀的一份手稿裡面，世界牌確實就被稱為「我父上帝／God the Father」）。在開頭的那幾位普通凡人（例如教皇牌和皇帝牌），以及接近尾聲的穹蒼天體（比如星星牌、月亮牌和太陽牌）也有類似的發展進展。不過，到目前為止，學者並未發現塔羅牌與任何特定形上學系統之間存在著明確對應，因此，這些可能性雖然具有暗示意義，但仍屬推測。

✦ 新異教宇宙學

自1960年代後期以來，塔羅研究和新創套牌一直持續蓬勃復興，而且氣勢日益高漲。伴隨此現象而開展的，就是所謂的「新異教運動」（neopagan movement），或更具體地說，就是現代異教巫術與更具政治性、更入世的生態女性主義（eco-feminism）的一種結合，其實踐方法是以魔法、占卜以及儀式為基礎。新異教主義（Neopaganism）已經成為一場不同宗教文化融合的靈性運動，有人說這是現代出現的第一個真正的新興宗教，除了對自然界之神聖性的信仰之外，形式種類繁多，但相對上基本教條極少；神靈（通常是多神論）有男有女，而且全都可以在每個人身上找到；還有威卡戒條（Wiccan Rede，譯注：或稱女巫規章）：「汝不傷人，即可按汝心意行事。」（as ye harm none, do as ye will）[1] 許多塔羅套牌的設計都帶有這樣的意識在內。這類套牌通常會以植物、動物和聖地來代替傳統的宮廷牌。四個牌組也以自然現象來命名，比如火焰、波浪、風和土地。[2] 風格與旨趣範圍，也從「前基督教」傳統的復興，轉往新形式、工業技術、太空旅行等方向進化。

新異教傳統對女神的看重，使得其論述假設經常與其他派別有根本上的不同。新異教徒認為女神是地球固有的神靈，與地球生命週期緊緊相繫。因此，諸如季節變換或月相變化、週期中每一個階段都同樣重要等這些代表符號，取代了帶有較多父權觀念的宇宙學當中的「天國階梯」階級制度。受到此觀念影響，伴隨而來的是對於社會階級制設定的排拒；取而代之的是，以主要隱喻（dominant metaphor）作為概念，所形成的一個緊密社群。

此一現代運動的創始組織之一，加德納巫術（Gardnerian Witchcraft），雖然它使用黃金黎明系統作為主要根據，但其核心儀式是男神與女神的神聖聯姻，是以聖杯和寶劍作為其主要象徵符號。因此，水元素與火元素的融合就是以聖杯中的劍來呈現，還有一些異教傳統的塔羅套牌，例如奈傑爾傑克遜塔羅牌（Nigel Jackson Tarot），寶劍對應火元素，聖杯是水，權杖是風，錢幣是土。不過，異教傳統對於這些元素對應關係並無共識，有很多異教套牌是將寶劍牌對應風元素，權杖牌對應火元素。

✦ 塔羅對應

除了元素之外，最廣泛應用在塔羅牌的兩個形上學系統是卡巴拉和占星學。這類的連結對應並無所謂的「唯一正確」，因此有很多不同的對應系統被提出來。在這本書裡，我們是把重點放在黃金黎明學派赫密士修會使用的對應系統，因為這一百年來它始終是英語塔羅圈中最具影響力的學派。黃金黎明於1888年在倫敦成立，組織成員有男性也有女性，他們藉由修練儀式魔法來淨化個人本性，讓自己可以跟「神聖守護天使」（或高我）溝通。

其他系統和形上學觀點當然也可使用，而且有很多新的觀點正在開發中。如果你要使用某個對應系統，最好也一併使用該系統的塔羅套牌，因為這些對應系統可能沒辦法順利轉譯到其他塔羅套牌上。以歐洲大陸的塔羅傳統來說，法國塔羅牌的創作者（比如伊萊．列維）所提出的對應系統，就比黃金黎明的對應系統更廣泛為人遵循使用，但對於小阿爾克那數字牌和宮廷牌則較少關注。以近期來說，比如約翰．奧普索帕斯（John Opsopaus），就將畢達哥拉斯的靈數學（Pythagorean numerology）、希臘哲學，以及煉金術原理應用於塔羅的大、小阿爾克那牌，結果都非常成功。[3]

黃金黎明為塔羅牌和為數眾多的各種魔法模型建立起可能的對應關係——這就是黃金黎明系統的強大之處。自此，塔羅牌成為一種「方法」（method），可以讓人輕鬆將存在於各個不同現實層界的所有經驗全部聯繫起來。若要讓這些概念發揮最大效用，那麼你應該要使用黃金黎明或托特系統的塔羅牌。以下就列出一些與塔羅相對應的主要系統：

- 西方魔法卡巴拉和生命之樹
  ——四字聖名（用來代表上帝之名的四個希伯來子音字母）
  ——四個世界

——十個輝耀
——二十二條路徑（不適用宮廷牌）
• 占星學——行星
——十二星座
——區間（十二星座的十度分割區間，又稱十分度、旬）
• 天體導航
——恆星
——天界象限（四分儀）
• 靈數學
• 元素理論
——西方，以希臘傳統為基礎的元素理論
——東方，塔特瓦（包含幾何形狀和顏色）
• 天使魔法派／以諾魔法（以約翰・迪伊的天使語言為基礎）[4]
• 易經六十四卦和風水學（後來由艾利斯特・克勞利添加進來）

儘管這些形上學系統彼此各異，但其共同點在於，它們都是一種宇宙觀，可以將我們的經驗（包括物質層面與精神層面）加以組織分類成為具有共通性的類別。這些類別不僅反映於外部世界，也反映於我們的內在意識中。塔羅也可以被視為一種形上學系統，它是萬事萬物潛在結構的一張地圖。當我們用這個角度來看待塔羅，宮廷牌的角色功用就更加擴大了。除了能夠代表人或性格特徵，宮廷牌也是一扇窗，讓我們得以看見自身生命與所經驗之世界的潛在本質。

對塔羅占卜師而言，這種理解可以為宮廷牌及其含義提供更多的可能性和深度。舉例來說，在黃金黎明系統中，公主牌是對應卡巴拉十輝耀當中的瑪互特（Malkuth，王國），牌陣當中出現一張公主牌，可能代表長期以來所想像和計畫的事物或許會逐漸顯化成真，實際以物質的形式出現。這張牌的含義或許依然與問卜者的性格作風或人際情感關係有關，但現在它的解釋範圍更大了，它可以代表一個更大範圍的議題，也就是：宇宙要為我們帶來什麼，以及問卜者在此創造過程中有多主動積極。

在這裡，我們只會介紹幾種比較容易了解，而且對塔羅解牌最有幫助的對應系統。

卡巴拉

卡巴拉（Qabalah，也拼作 Cabala 或 Kabbalah）是希伯來的神祕教導，最初僅以口頭傳授，「卡巴拉」一詞就是「以口傳耳」的意思。到了十三世紀，卡巴拉的核心教義出現在包括《光輝之書》（Sepher Zohar／Book of Splendor）和《形塑之書》（Sepher Yetzirah／Book of Creation）在內的書籍當中。修習卡巴拉就像進入一座華麗而危險的花園，一個人未到四十歲，不建議研究卡巴拉。研究卡巴拉的基督徒深信，它演示了基督的到來，可以成為讓猶太人改信基督教的一種工具（也因此讓基督教合法納入卡巴拉）。很快地，基督教著作就成了西方魔法卡巴拉的論述基礎，大家熟知的卡巴拉「生命之樹」模型圖，描繪的就是萬事萬物創造的過程。

與新柏拉圖主義一樣，卡巴拉體現了一種流溢主義哲學（emanationist philosophy，或譯「放射主義哲學」），也就是說，它是透過一連串中介階段（intermediary stages），從神聖意識中創造出有形物質。在卡巴拉，這樣的中介階段共有十道，稱為「輝耀」（sephiroth／spheres）。每一個輝耀都有其獨特質性，而且我們也可以在自身之內和整個宇宙當中看到這些質性的反射。十個輝耀之間的關係，請參考第197頁的「生命之樹」圖。圖中描繪的十個輝耀和二十二條連接路徑，被認為是理解萬物的藍圖。也有人稱之為「光明階梯」（ladder of lights），這棵樹描繪了從上帝的品質（God's qualities）向物質世界流溢（放射），以及人類回歸上帝的道路。

- 科帖爾（Kether，王冠）是第一個，也是位置最高的輝耀，最接近上帝。它是純粹的存在，永恆且無分別（未分化）。以占星學來說，它對應「宇宙第一渦旋」（First Swirlings）或大爆炸（Big Bang）。
- 侯克瑪（Chokmah，智慧）是第二輝耀。它代表原始能量、創造的力量，以及發起創造的改變。它對應整個黃道十二宮。
- 庇納（Binah，領會）是第三輝耀。它藉由將創造能量導入特定模型來使事物成形。（柏拉圖系統中負責創造出理型的就是庇納的概念）。它對應土星。
- 黑系德（Chesed，仁慈），第四輝耀，以慈悲增加事物成形之可能性並負責其成長。我們已經來到了一個不那麼抽象的層次，因為現在新事物正逐漸成形，並隨時間而變化。它對應木星。
- 葛夫拉（Geburah，力量），第五輝耀，是限制的力量，消除一些可能性，使其死亡或枯萎。它對應火星。

- 悌孚瑞特（Tiphareth，美），第六輝耀，代表平衡的意識，個人的高我，介於科帖爾的神聖意識以及較低層輝耀的純粹俗世取向之間。它對應太陽。
- 聶札賀（Netzach，勝利），第七輝耀，是感覺和情緒的能量、俗世的激情，以及相互吸引的力量。它對應金星。
- 候德（Hod，榮耀），第八輝耀，是精神、語言的能量，與溝通、結構、推理有關。它對應水星。
- 易首德（Yesod，根基），第九輝耀，是想像力，透過它，我們形成並準備展示我們的世界圖景。它對應月球。
- 瑪互特（Malkuth，王國），第十個，也是最後一個輝耀，是物質世界本身，思想意念在這裡完全體現為實體存在。它對應地球。

當然，十輝耀的概念經過這幾百年有了一些變化，不同的詮釋者對它們也有不同的看法。以上只是簡要描述了卡巴拉的思想概念，這些思想概念為塔羅牌的設計提供了啟發，比如偉特史密斯牌、托特牌、黃金黎明，以及其他類似但較新近出現的套牌。

✦ 靈魂紐帶牌陣

這個牌陣是使用生命之樹圖形，將焦點放在微觀世界和宏觀世界交接之處，也就是悌孚瑞特及其周圍的四個輝耀。

- 將整副牌充分洗牌，依指定順序擺放，牌面朝下。然後以相反順序翻牌，從陣位5那張牌開始，依次往前翻。你也可以直接用你的指示牌（象徵牌）當作陣位3的牌。
- 陣位1是黑系德／Chesed／仁慈。它代表在問卜者生命中帶來正向積極、創造性的宇宙力量。它們是禮物，是祝福，也是新的起點。不是問卜者必須去努力去安排的事情，而是「出乎意料」突然來到的。占卜師在解牌時應該把焦點放在這張牌比較正向、積極的含義。
- 陣位2是葛夫拉／Geburah／力量。它代表在問卜者生命中帶來負面消極、限制性的宇宙力量。它們是挑戰、失去和艱難的過渡時期。跟上一張牌一樣，這些也不是計畫中的事情——問卜的角色是去回應它們。占卜師解牌時應該把重點放在這張牌可能帶來的問題上。

- 陣位3是悌孚瑞特／Tiphareth／美。這張牌代表問卜者需要把注意力放在什麼事物上，好讓自己可以正確看待問題，並保持清醒專注。
- 陣位4是聶札賀／Netzach／勝利。這張牌代表問卜者的情緒狀態和反應。聶札賀和葛夫拉經常緊密相關，聶札賀是對於葛夫拉的一種回應。悌孚瑞特可能需要在雙方之間進行「調解」，好讓那個回應可以是經過深思熟慮的結果，而不是自動化反應。
- 陣味5是候德／Hod。這張牌代表問卜者試圖讓這件事情朝他想要的結構去發展。它可能是對黑系德帶來的禮物的一個回應，因為人們會試圖去處理來到自己身上的事情，並將它聚焦到一個計畫當中。同樣的，在這裡悌孚瑞特或許可以提供有用的見解，來幫助完成這件事，並避免讓我們心理上的陰謀詭計變得太過限制和狹隘。

若要以較為形上學的取向來使用這個牌陣，不妨依照每一個輝耀的順序，檢視一下從黑系德到候德的能量流動情形。這道能量在下降的過程中是如何被改變、被形塑，並且變得愈來愈具體和個體化？悌孚瑞特是一個代表客觀的位置。我們是否可能一直站在中心點、不受動搖，審視周遭情況、不加批判、不帶防衛之心，以中立、冷靜的覺知意識接受一切好壞？

靈魂紐帶牌陣

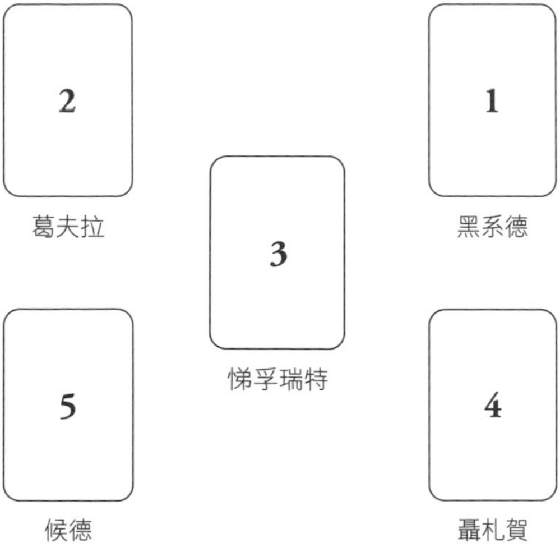

✦ 黃金黎明學派的卡巴拉對應

生命之樹是一張萬物創造階段圖（請見下頁），但也是一張人類性格圖。連接不同輝耀的路徑（總共二十二條，每一條都以一個希伯來字母命名），代表了我們從一個意識層次移動到另一個意識層次的途徑。傳統上，每一條路徑都對應一張大阿爾克那牌。這也與「大阿爾克那牌是代表幫助我們成長和學習的主要人生課題」這個概念相當吻合。

黃金黎明學派也將數字牌與輝耀本身做出對應，四張王牌指派給科帖爾，四張二號牌指派給侯克瑪，以下類推。

這樣的指派大大影響了許多現代套牌的牌義與象徵符號的表現。舉例來說，每一個牌組的五號牌在很多套牌當中都表現出一種負面消極或悲慘的氛圍，因為葛夫拉輝耀對應火星，因此掌管死亡、失去，以及「修剪／刪除」生命的發展可能。

黃金黎明學派也將宮廷牌分派給四個輝耀。謝赫納（Shekhinah），也就是活神的女性／陰性面，居住於代表主權王國的領域（瑪互特／Malkuth，第十輝耀），屬於物質世界，跟公主牌相當吻合。以卡巴拉的觀點來看，謝赫納也是聰明有智慧的母親，也就是生命之樹上的第三輝耀「領會」（庇納／Binah）。所以，瑪互特對應公主牌，庇納對應王后牌。這兩張女性宮廷牌都對應四字聖名（YHVH）中的希伯來字母He，因為她們其實是同一存在體的兩種不同示現。國王（托特的騎士牌）居住於侯克瑪，是原始的能量，也是創造的力量，跟庇納各居左右兩極保持平衡，王子（傳統上的騎士牌）則位於最中央的一個輝耀悌孚瑞特，也是占星學上的太陽位置，以及被犧牲的兒子[5]（回想一下第二章提到的，黃金黎明學派認為傳統套牌中那位熱情活躍的騎士才是「真正的」國王，並將那位一直坐在椅子上不動的國王降級為王子）。

卡巴拉生命之樹

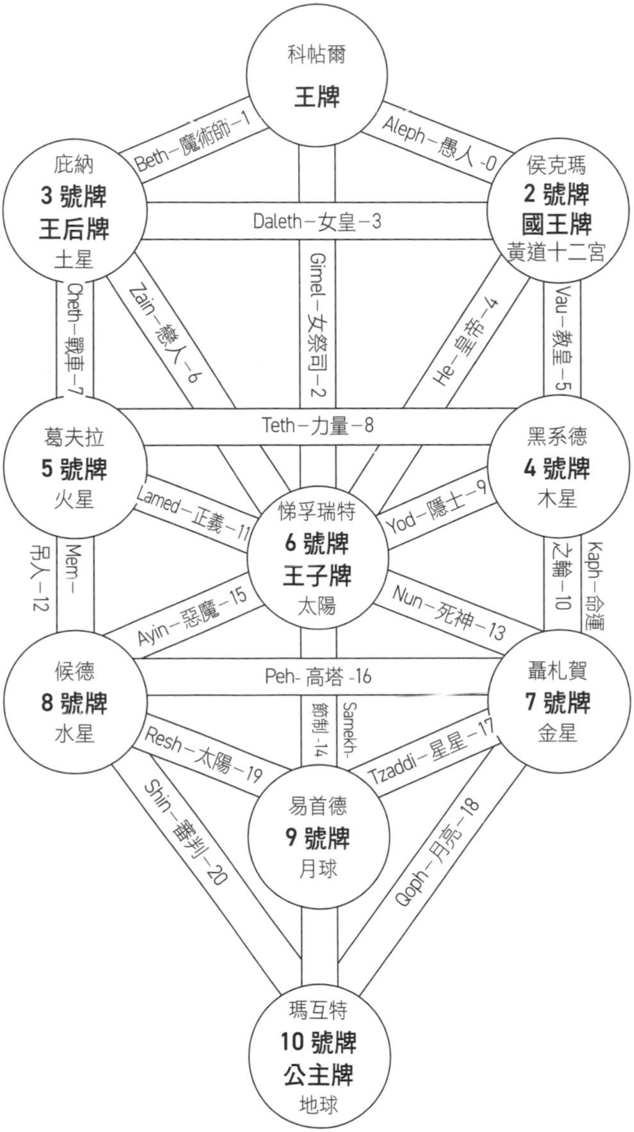
科帖爾
王牌
Beth－魔術師－1
Aleph－愚人 -0
庇納
3 號牌
王后牌
土星
侯克瑪
2 號牌
國王牌
黃道十二宮
Daleth－女皇－3
Gimel－女祭司－2
Cheth－戰車－7
Zain－戀人－6
He－皇帝－4
Vau－教皇－5
Teth－力量－8
葛夫拉
5 號牌
火星
黑系德
4 號牌
木星
Lamed－正義－11
Yod－隱士－9
悌孚瑞特
6 號牌
王子牌
太陽
Mem－吊人－12
Kaph－命運之輪－10
Ayin－惡魔－15
Nun－死神－13
候德
8 號牌
水星
聶札賀
7 號牌
金星
Peh- 高塔 -16
Samekh-節制 -14
Resh－太陽－19
Tzaddi－星星－17
易首德
9 號牌
月球
Shin－審判－20
Qoph－月亮－18
瑪互特
10 號牌
公主牌
地球

由於宮廷牌和數字牌在生命樹上的位置相同，因此每張宮廷牌也都對應同牌組的一張數字牌。例如，寶劍王后對應第三輝耀庇納當中的風元素部分，因此對應寶劍三。錢幣公主則是對應錢幣十。這些對應關係使得我們對數字牌和宮廷牌的理解更加完整。一般來說，它們顯示的是宮廷牌在這個輝耀中的運作範圍，以及它們在此世界中之行動（作用）所形成或產生的結果。例如，寶劍王后在「悲苦」輝耀（庇納輝耀，稱號是領會／Understanding）的範圍內運作。她「領會、理解」寶劍三所描繪的那顆被劍刺穿的心臟。基於這個原因，我們可以說寶劍王后這張牌的特徵就是「悲苦的女士」。寶劍國王（在侯克瑪輝耀，稱號是智慧／Wisdom）對應的是寶劍二或「和平復原」，因此他能運用他的「智慧」來化解二元對立的衝突，中止仇恨。他可以被稱為「和平守護者」，是因為他能夠用他的意志和力量來維持和平。

將每一張宮廷牌與其生命之樹位置對應的數字牌加以配對（國王配二號牌，王后配三號牌，王子配六號牌，公主配十號牌），看一下數字和宮廷牌呈現什麼樣的關聯性，它們之間的關係是否跟該張宮廷牌的名稱相襯？

宮廷牌的卡巴拉對應，雖然是用輝耀和四字聖名表示，但也體現了四個元素的基本「四元結構」（quaternity）。國王和王后是原始元素之中的活躍之火和感受之水，他們的後代王子和公主，是智性之風和生成之土。

幾種主要的宮廷牌對應關係，依位階等級，列於下頁圖表中。你也可以參考附錄A，有全部十六張宮廷牌的黃金黎明系統對應摘要。

✦元素冥想練習

宮廷牌的位階及牌組花色，兩者都分別對應四個元素的其中一個元素，乍看之下似乎讓人感到困惑。比如說，我們到底該如何來看聖杯國王這張牌是「水中之火」這樣的描述呢？在《托特之書》中，克勞利為每一張宮廷牌（公主牌除外）列出了結合兩種元素來描述的自然現象或環境。例如，火中之風是太陽（sun），風中之火是風（wind），土中之水是田野（field）。當中每一個都擁有其主要元素（primary element）的實體（太陽是火元素，風是風元素，田野是土元素），但同時表現出一些次要元素（secondary element）的特質（太陽明亮清晰而且高掛在天空中，風的速度很快而且活力充沛，田野濕潤而且能滋養生命）。試著

	國王／騎士	王后	王子／皇帝	公主／皇后
元素	火	水	風	土
塔特瓦（Tattawa）	Tejas 火元素：大紅色三角形	Apas 水元素：銀灰色新月形	Vayu 風元素：天藍色圓形	Prithivi 土元素：金黃色正方形
四字聖名	Yod：激發能量	最初的 He：對 Yod 能量的回應與支持	Vau：淬煉 Yod 能量	最後的 He：Yod 能量的具體物質化
卡巴拉四世界	原型（Atziluth）：流溢（放射）與神性的世界	創造界（Briah）：創造的世界與天使聖靈	形塑界（Yetzirah）：具體成形的世界	行動界（Assiah）：行動或物質的世界
輝耀	侯克瑪：智慧，第二輝耀。原始男性法則	庇納：領會，第三輝耀。原始女性象徵	悌孚瑞特：美，第六輝耀。人類意志的所在地	瑪互特：王國，第十輝耀。內在榮耀（Shekhinah）之界域
牌面描述	騎在馬上	坐在寶座上	駕著戰車	獨自一人堅定站著
作用	物質力量的開端。潛在的力量：強大的動能；迅速而猛烈，很快就消逝	物質力量的提供者。孵育之力：穩固、不動搖、持久（保護力）	實現國王和王后之影響力。行動中的力量：除非由父母親啟動，否則只是幻覺	結合國王、王后、王子的作用力。接受和傳輸的力量：暴力；永恆的；物質的
黃金黎明牌義解釋	事物的升起或消逝、到達或離開，根據他們的臉所朝的方向	與該主題相關的實際女性人物	與該主題相關的實際男性人物	與主題一致或相反的想法、感受、意見，以及概念

自己為全部十六種組合想出類似這樣的自然現象（參見附錄C），然後把它們寫下來（你不一定要跟克勞利所選的一樣）。

接著，選一張宮廷牌，可以選擇對你來說比較難解釋或運用的那張牌。你會指派給它什麼自然現像或自然環境？

現在，全身放鬆，把注意力集中在你的呼吸上，專注，閉上眼睛，準備進入冥想。想像自己沉浸在這張牌的自然現象或環境中。這個地方如何影響你的感官知覺？你的視線是清晰還是模糊？有聽到什麼聲音嗎？你的皮膚有什麼感覺？（熱、冷、潮濕。）有聞到什麼氣味、嚐到什麼味道嗎？你能在這個地方生活嗎？

現在，讓這個地方的某部分景色以人類的形態呈現，但不要失去它的元素特性（比如說，讓太陽變成一張人臉，或是讓吹過的風凝聚成一股漩渦，變成像是正在旋轉的人體四肢）。你所沉浸觀想的這股自然力量，現在正被這個元素創造物支配統治著。此時此刻，它清楚意識到自己的權威力量能夠掌控之所在。

讓這位元素存有跟你互動。你喜歡嗎？你們溝通了什麼？你能從它身上學到什麼？向這位元素存有表達感謝，然後試著回到你比較熟悉的環境。如果你在高空中，現在請降落到地面；如果你在水中，請游回岸邊。把你的覺知意識帶回到你的身體。當你感覺很自在很舒服時，就可以睜開眼睛，把你的想法記錄在筆記本。

塔特瓦

神智學者拉瑪・普拉薩德（Rama Prasad）在一本關於印度譚崔（密續）的著作《自然界更精微的力量》（Nature's Finer Forces）中，對塔特瓦（Tattwas，也拼作 Tattvas）做出了描述。[6] 塔特瓦包含了二十五個畫在牌卡上的幾何符號。黃金黎明系統的魔法師將它們拿來作為睜眼觀想的一個視覺焦點，以這些幾何圖案作為通往特定星光界的門戶。每一個塔特瓦都是由五種基本形狀的其中兩種組合而成，再加上與四元素和以太（ether）相關聯，紅色三角形是 tejas（火），金黃色正方形是 prithivi（土），銀灰色新月形是 apas（水），藍色圓形是 vayu（風），靛紫色蛋形是 akasha（精神）。其中任何兩個組合在一起時，較小的那個符號會疊在較大的符號之上。例如，風中之土，就是一個小的金黃色正方形疊在一個大的藍色圓形之上。我們在這裡沒有用到第五元素 akasha，因此四乘以四，總共得到十六種組合的幾何符號圖形。

塔特瓦符號通常會被放在一個互補色的背景上，因此，如果你盯著它看幾分鐘，然後閉上眼睛，那個圖像就會出現在你的視網膜，但顏色跟那個圖像剛好相反。實際上，這樣的顏色對調會讓你產生一種進入符號之中，甚至穿越那個符號圖像的效果。就好像你進入了宮廷牌的星光界裡，然後你可以在裡面四處探索，把關於這張牌的能量是如何運作的新資訊和新領會帶回來。因此，上面我們提到的那個自然界現象或環境的練習，也可以透過這種星光體投射來進行探索。[7]

✦ 元素質性組合

要了解宮廷牌的形上學能量如何交互作用，或是評估宮廷牌在一個占卜牌陣中，其影響力的相對強弱程度，最有趣的方法之一就是使用「元素質性組合」（elemental dignities，簡稱 EDs，譯注：或稱元素權重、元素牌格等）。你可以使用「元素質性組合」來檢視兩張牌和三張牌的組合，以確定哪些牌組元素會相互加權（dignify）或相互增強（也就是「彼此友好」的牌），哪些會相互削弱（也就是「敵對相剋」的牌）。黃金黎明協會的創始成員之一麥克雷戈・馬瑟斯（MacGregor Mathers），是第一位在《T之書》中描述到這種根據塔羅牌組合或其相互作用關係來解牌的人。[8]

宮廷牌的元素質性組合就是代表內在的心理狀態，它們往往帶有深層含義。如果牌組之間的關係不是那麼友好，那代表這個人的生活中會出現一些較為自相矛盾和壓力較大的情況。這是因為，當兩個相剋元素同時運作時，我們可能會出現矛盾行為——一部分的你渴望這樣東西或想要做這件事，而另一部分的你卻渴望另一樣東西，或想要做一件完全不同的事情。

其基本概念相當簡單。以下所有引文均來自《T之書》（Book T）之原文。

相同牌組／元素

- 權杖／權杖（火／火）
- 寶劍／寶劍（風／風）
- 聖杯／聖杯（水／水）
- 錢幣／錢幣（土／土）

當牌組／元素相同時，這些牌「根據其本質，無論影響是好是壞，力量都非常強大」。

這樣的兩張牌組合，通常會更加強調、增強這兩張牌的含義（無論是好牌還是壞牌）。它們的能量會被合併或同步。它們可能會聯合起來行動，但是，不會對我們形成挑戰。幾乎沒有什麼外部干擾，但也幾乎沒有妥協或調整能力。

相同極性

- 權杖／寶劍（火／風）
- 聖杯／錢幣（水／土）

當牌組／元素都是男性能量（陽性或積極）或女性能量（陰性或消極），它們屬於「中強等級」，因為這些牌「互相友好支持」。

這樣的兩張牌組合是相互補足、包容協調（complementary and compatible）。它們很容易共處，可以達成妥協、平衡以及適度節制。它們鼓勵我們藉由與對方溝通或觀察對方，來取得訊息和知識。以最壞的情況來說，我們可能會否認其中一個而支持另一個。最成功的情況是，平衡兩極化的衝動，將它們的共同點整合起來。

相輔相補

- 寶劍／聖杯（風／水）
- 權杖／錢幣（火／土）

當牌組元素屬於相輔相補（complement）時，它們會彼此「稍微友好支持」。這些牌彼此之間並不是完全「舒服自在」。它們通常不是過度就是壓抑，不是混亂無章就是相互摩擦。權杖和錢幣一起出現，會讓我們產生強烈的、感官的欲望；寶劍和聖杯則會讓我們在情緒感受上恣意任性。雙方都需要藉由區辨力來控制生成的力量。通常，彼此也會接受、穩固、內化、保護，或吸引對方。它們也會成為彼此的矯正和治療力量。

敵對／相剋

- 權杖／聖杯（火／水）
- 寶劍／錢幣（風／土）

當兩張牌屬於「敵對／相剋元素」時，它們往往會「大大削弱對方的力量，無論是好或壞，而且會中和（或抵銷）彼此的作用力。」

這些牌彼此之間互不相容、相互對立，代表可能有利益上的衝突，導致僵持不下、事情受到阻撓，或是能量上的壓抑和抑制。這些牌彼此會相互抵消作用力，讓第三個元素的力量更能獨力運作。以最壞的情況來說，這些元素會在矛盾相左中運作，導致產生恐懼或沮喪，以及一種危機感。它們會暴露對方的根本漏洞和弱點——揭露出不安全感和不確定性。思考一下，各自的防禦機制和不信任會給對方帶來什麼影響。會造成什麼樣的罪惡感、不足感或恐懼感。從另一方面來說，彼此也可能會帶動對方採取行動，並提供所需能量，達成看似不可能做到的事情。它們會迫使我們成長。完全理解或許不可能，但帶著悲憫心去關心和接納對方，是可以做到的。雙方彼此都必須學會自力自強，學習維持內部和外部的界限。帶著覺知意識去做調整和修正是必要的。最後，我們必須願意放下那些已經無法再繼續的事情，因為，若執著下去，只會阻擋我們在其他地方繼續前進所需的能量。

✦ 三張牌組合的元素權重

在三張牌組合（triads）裡，中間牌是最重要的，而相鄰兩側的牌則會修正中間牌。在三張牌組合當中，「如果相剋元素只出現在其中一張相鄰牌，那麼另一張牌就會變成一張連結牌，如此一來，第一張牌的影響力就不會被削弱，而只是被修正，因此力量仍是相當強。如果中間主牌是聖杯牌，兩側相鄰牌是權杖牌，那麼這個人可能缺乏那兩張權杖牌所顯示的特質。如果一張牌夾在兩張相剋牌當中，那這張牌就不太會受到兩側任何一張相鄰牌的影響，因為兩張相剋牌會彼此削弱。」

實例說明

一位名叫布拉德的年輕人，剛開始上聲樂課。他很興奮，非常認真探索這項新技能，但過程好像遇到了困難，他的聲樂指導老師對他不甚滿意。

占卜牌陣中，錢幣侍者所在的陣位，清楚顯示出這是他自己新發現的興趣。然後他指認牌陣中的那張寶劍騎士就是他的聲樂老師。當占卜師問他，這張牌哪裡像他的老師，他描述說，他的老師咄咄逼人，又很會挑剔，老愛雞蛋裡挑骨頭。「我的老師把學聲樂這件事所有的樂趣全都剝奪了。」布拉德如是說。土和風是相剋元素。寶劍騎士會認為錢幣侍者很幼稚、學習速度緩慢，沒有認真把事情做對，可能會妨礙老師自己的教學方向。他要侍者「好好改進」，否則就不要學了。錢幣侍者卻認為騎士根本沒有好好享受過程，只是將唱歌當作在上戰場，而不是一種美好的經驗。如果他們角色互換，侍者是老師，他可能會專心打好基礎知識，先把一件事情做好，然後再做下一步，而且會在這份工作上好好去品味享受或潛心研究。而身為學生的騎士，可能會急於透過訓練讓自己「有所斬獲」，甚至在還沒能好好欣賞舊技巧之前，就急於學習新技巧。以布拉德的情況來說，除非環境上有什麼特殊理由，否則找一位能夠與他相容的老師，可能會更適合。但是，我們也要清楚知道，有時一位個性作風完全相反的老師，或許正能夠提供學生另一種學習。

檢視牌陣中的其他牌，並記得，最好是將牌面完整資訊提供給問卜者，這樣問卜者才能自己做出決定。這對師生彼此之間是否能夠彼此尊重，以及是否還能找到某種方式共同合作？讓布拉德去思考這一點，他就能決定是否值得繼續跟這位老師學習。

如果你的牌陣出現三張宮廷牌（或任何具有元素屬性的牌）之組合，例如，中間牌是聖杯侍者，侍者一邊是權杖王后，另一邊是跟她具有相補作用的錢幣王后，那麼，透過跟聖杯同極性的錢幣王后的調解，聖杯侍者會同時受到這兩張王后牌的影響（就像有兩位母親）。如果侍者的兩邊是相剋的錢幣王后和寶劍王后，那麼依傳統來說，她們的作用力會相互抵消。如果兩側相鄰牌是權杖王后和權杖國王，左右兩張牌都跟聖杯相剋，那就顯示出這位侍者跟兩張權杖牌處於敵對狀態，而且不會受到他們的火元素之影響。

✦ 黃金黎明的占星對應

黃金黎明使用了三個關係密切的系統來指派塔羅牌的占星含義，一個用於大阿爾克那牌，一個用於數字牌，一個用於宮廷牌。雖然這些指派系統都是各自獨立的，但仔細探究它們之間的關聯性，會發現相當有趣，而且資訊量非常大。

在卡巴拉文獻《形塑之書》（Sepher Yetzirah，由黃金黎明學會共同創始人威廉．溫．威斯喀特從希伯來語翻譯而成）當中，將希伯來字母與十二星座、行星以及四元素故出對應關聯。這些關聯後來被移用到大阿爾克那牌的對應。從牡羊座（對應皇帝牌）開始，依序與十二星座相對應，除了幾張牌是與行星做對應所以跳過。[9]

四個牌組中的王子、王后和國王牌與十二星座的對應是：王后牌對應基本星座（牡羊、巨蟹、天秤、摩羯），國王牌（托特的騎士牌）對應變動星座（雙子、處女、射手、雙魚），王子對應固定星座（金牛、獅子、天蠍、水瓶）。如果你是使用標準套牌和傳統牌義解釋，你可能會發現國王與固定星座更能對應，而傳統的騎士牌與變動星座對應度更高。

黃金黎明系統想要強調的是，人不會只以純粹元素的形式顯現，因此這些牌的功能其實是作為元素之間的媒介或連結作用。每一張宮廷牌都掌管一個星座和元素的三分之一，以及下一個星座和元素的三分之二。這些「三分之一」，就是占星學上所稱的「區間」（decans）或十分度、旬。如果你拿出一張黃道十二宮星盤，將每一宮切割成三等分，每等分十度，結果就會得到三十六個區間。太陽要花大約十天才能通過一個區間。這個概念最早出現於埃及，在文藝復興時期開始廣為流傳，至今占星學中仍在使用。舉例來說，權杖王后主掌從雙魚座二十度到牡羊座二十度的這個區間，或者說，雙魚的後三分之一與牡羊的前三分之二區間。所以從3月11日到4月10日這段期間坐檯的宮廷牌就是權杖王后。3月11日到20日是雙魚座的後面十天，3月21日到4月10日是牡羊座的前面二十天。如果你想要根據占星學來選出你的指示牌（象徵牌），那麼這是一個有趣的方法，不一定每次都要用「一張牌對應單一星座」來選擇你的象徵牌（每一張宮廷牌的對應區間和日期可參考附錄C）。

黃金黎明也為每一張數字牌（不包括王牌）分派了一個區間。從權杖二對應牡羊座的第一個區間開始，接著是權杖三對應牡羊的第二個區間，依此類推。每一個區間都由一顆行星掌管守護，雖然順序與其他系統不盡相同。黃金黎明使用的是「迦勒底行星秩序」（Chaldean order of the planets），是以行星的運行速度來排列，從最慢到最快依序是：土星、木星、火星、太陽、金星、水星、月亮。這與生命之樹上面出現的行星順序相同。區間從火星開始，也在火星結束，例如，火星、太陽和金星在牡羊座，接下來是水星、月亮、土星在金牛座，依此類推，最後以火星在雙魚座作為結束。

編號為二、三和四的數字牌，對應其所屬元素的基本星座，例如，權杖二對應基本（星座）火（象）或牡羊座的第一個區間。五、六、七號牌對應其所屬元素的固定星座。八、九、十號牌對應其所屬元素的變動星座。另一種查看方法是，依照數字牌的順序，依序對應十二星座——二、三、四、五、六……（牡羊、金牛等），但是當進入一個新的星座（順序從基本到固定到變動），牌組也會跟著變成與這個新的星座之元素相對應。因此，牡羊座的最後一個區間就給了權杖四，但接下來的錢幣五是對應金牛座的第一個區間。下頁的圖表是這些占星對應的摘要版。

仔細閱讀整張表，你會發現，每一張宮廷牌都對應到三張數字牌和兩張大阿爾克那

星座：元素（大阿爾克那）	宮廷牌	占星區間（數字牌）
（雙魚座的最後一個區間）	權杖王后	火星在雙魚座（聖杯10）
牡羊座：基本火（皇帝）		火星在牡羊座（權杖2）
		太陽在牡羊座（權杖3）
	錢幣王子	金星在牡羊座（權杖4）
金牛座：固定土（教皇）		水星在金牛座（錢幣5）
		月亮在金牛座（錢幣6）
	寶劍國王	土星在金牛座（錢幣7）
雙子座：變動風（戀人）		木星在雙子座（寶劍8）
		火星在雙子座（寶劍9）
	聖杯王后	太陽在雙子座（寶劍10）
巨蟹座：基本水（戰車）		金星在巨蟹座（聖杯2）
		水星在巨蟹座（聖杯3）
	權杖王子	月亮在巨蟹座（聖杯4）
獅子座：固定火（力量）		土星在獅子座（權杖5）
		木星在獅子座（權杖6）
	錢幣國王	火星在獅子座（權杖7）
處女座：變動土（隱士）		太陽在處女座（錢幣8）
		金星在處女座（錢幣9）
	寶劍王后	水星在處女座（錢幣10）
天秤座：基本風（正義）		月亮在天秤座（寶劍2）
		土星在天秤座（寶劍3）
	聖杯王子	木星在天秤座（寶劍4）
天蠍座：固定水（死神）		火星在天蠍座（聖杯5）
		太陽在天蠍座（聖杯6）
	權杖國王	金星在天蠍座（聖杯7）
射手座：變動火（節制）		水星在射手座（權杖8）
		月亮在射手座（權杖9）
	錢幣王后	土星在射手座（權杖10）
摩羯座：基本土（惡魔）		木星在摩羯座（錢幣2）
		火星在摩羯座（錢幣3）
	寶劍王子	太陽在摩羯座（錢幣4）
水瓶座：固定風（星星）		金星在水瓶座（寶劍5）
		水星在水瓶座（寶劍6）
	聖杯國王	月亮在水瓶座（寶劍7）
雙魚座：變動水（月亮）		土星在雙魚座（聖杯8）
		木星在雙魚座（聖杯9）
		火星在雙魚座（聖杯10）

牌。從這些對應關係，你可以看出牌面上這個人物可能涉及的主要問題（大阿爾克那牌）及其處事態度和性格特質（數字牌），以此來豐富宮廷牌的含義。了解這些關聯對應，我們在占卜時就更容易察覺出牌陣中的牌彼此間的關聯性。

舉個例子，我們來看看那幾張對應牌對這位寶劍國王／騎士（騎在馬上的人）的說法。他擁有變動風之雙子座的前兩個區間，以及前一個固定土之金牛座的最後一個區間的特徵。對應到數字牌：錢幣七（成果未實現）、寶劍八（力量被削減）以及寶劍九（絕望和壓迫），形成一個三張牌牌陣，描述了這位國王的處事方式。備註：可參考214頁黃金黎明神奇塔羅牌圖案上的牌義解釋。

這些對應牌描繪出的寶劍騎士，是一個非常努力耕耘但最後卻失敗的人；先前所做的承諾無法實現（錢幣七）。這可能是因為，他往往花太大力氣去處理一些小事。他執著於字面上的規則條文，但沒有去了解文字背後的更高法則；太過在意細節讓他變得自我束縛（寶劍八）。結果是，他的內心非常痛苦。包括自己和他人，都在承受這些不必要的痛苦與折磨，因為他的良心與責任感總是在要求那些不可能做到的事情（寶劍九）。

從占星學上來說，這位寶劍國王／騎士具有土星在金牛、木星在雙子，以及火星在雙子的性格。土星落在金牛，意謂著寶劍國王擁有我們可能無法看到的一些性格。土星在土象星座賦予了這張牌擁有跟教皇類似的毅力和耐力（或說固執與頑強），而且會讓這位國王有很強的嫉妒心和占有欲——就像《舊約》裡面的那些族長一樣。他必須去發現自己真正重視的東西究竟是什麼。紀律和努力工作是必要的，因為能夠提供他所需要的安全感，但他的雙子座屬性卻恰恰與此相反。木星落在雙子座對這位國王相當不利，會導致他思想散亂，或過度天馬行空和魯莽躁進。精神狀態不穩定而且善變，需要經常旅行移動。這是他內在對生命真理之嚮往的智性面展現，但是，如果發揮得好的話，會非常適合需要人際手腕的外交工作。火星在雙子座（寶劍九）在思想上會有攻擊性。它會讓這位國王情緒更易激動而且易怒，喜歡跟人爭辯，講話雖然詼諧卻常常語帶諷刺。他會為自己的理念辯護，但這樣的努力卻無法持續，這可能會造成他跟土星在金牛座的那個自己形成一種緊張關係。這些屬性都使得愛神丘比特的箭在相應的戀人牌中明顯展現出肆無忌憚和恣意妄為，也在馬賽戀人牌中顯現出搖擺不定和優柔寡斷，他沒辦法在兩個女人之間做出抉擇。

《黃金黎明神奇塔羅》（The Golden Dawn Magical Tarot）
寶劍國王及其對應的三張數字牌

這種屬性組合似乎最適合做生意，因為在生意場合，人們必須去「推銷」自己深深相信的理念。此外，也很適合成為一名優秀的調查報導記者。可惜的是，這樣的人也似乎也會想要去消除所有異端，捍衛自己的信仰，以保障自身信念的至高無上和優越霸權。思考一下，這些特質是不是跟你手上那副牌裡面的國王或騎士非常相像。

✦ 宮廷牌的數字分析

吾人可將塔羅牌視為一種「認識自己」的工具——這個「認識自己」，就是德爾菲神諭（The Oracle of Delphi，也就是阿波羅神廟）入口處所寫的三句訓詞之一。由於塔羅的內部結構經常是由數字構成，我們就來請它們幫忙，看是否可以讓我們對宮廷牌有更多的了解。沒有任何一個數字跟宮廷牌相關聯，但宮廷牌總共有十六張。我們就來試試看，是否可以從十六這個數字找出什麼意義。

編號十六的大阿爾克那牌是高塔，也稱為上帝之家、毀滅之塔、偉大的解放者。這張牌，讓我們從阻礙我們感知真實自我的結構和形式中解放出來。牌面中，那道真理的閃電將一切虛假的界限和信念全部摧毀。牌面中那些被摧毀的結構、邊界和信念，當然就是我們每個人在日常生活中扮演的角色。這些角色，就是我們用來把自己藏起來的面具。它們是我們自己建造的柵欄和圍牆，好讓我們，以及其他人，看不見我們真正的自己究竟是誰。它們形成我們的「身分」，或是，讓我們跟別人看起來不一樣。這些封閉的圍牆保護著我們，使我們遠離未知事物；於是，我們就在這樣一個虛假的安全結構中築巢定居，之所以虛假，是因為這些人格結構（如同本書前面章節列出的那些）並非真正的你。你並不等同於你四周的圍牆，你是居住在裡面的形式多樣的靈魂。

因此，高塔牌剛好論證了這個概念：宮廷牌就是我們扮演之人格角色的反映，也是我們用來隱藏真實自我的那些面具，以及我們結晶化之後的高聳型態，如果我們想要喚醒真實的自己，最終必須將這些東西全部摧毀。高塔牌重重提醒了我們，世俗地位與階級聲望的無常，以及我們用來將自己包覆起來的那些虛假的自豪感和成就感。當我們不再需要去扮演其他角色，當我們無邊無際的可能性不再受到局限，我們才真正得到了解放。

現在，我們把一和六加起來，得到七，也許編號七的大阿爾克那牌也可以告訴我們更多訊息，關於這十六張宮廷牌的本質。

編號七是戰車牌，也稱為勝利（Victory）或訓練有素（Mastery）。牌上描繪的那輛戰車，代表我們自己的個人聖殿，我們的力量就是從這裡流入到我們的日常經驗中。有一部塔羅書叫作《智者珠玉》（Jewels of the Wise），書中有解釋到，我們是如何建造這些戰車或圍牆，把自己內在的潛意識自我囚禁起來。而我們就在這樣的圍牆裡面，努力培育自己，發展我們在日常生活中的各項技能。[10]

御者雙肩上的月亮形鎧甲，以及前方一黑一白代表二元與複雜性格的司芬克斯人面獅身像，顯示的是，我們戴上面具，對自己內心的謎題裝模作樣，來回應司芬克斯的提問：「我是誰？」繡有黃道十二星座圖案的腰帶，暗示著只要我們依舊受時空的綑綁束縛，我們就會繼續戴著這些人格面具。

我們的戰車，就是我們將自己圍禁其中努力自我培育的圍欄。宮廷牌就是我們努力訓練自己和完善自己的方法途徑。它們是我們為培養自己的「身分」而採取的步驟。跟戰車一樣，宮廷牌也讓我們看到，我們如何對身邊物理環境進行掌控，如何利用我們的個人資源來達到目的，以及如何利用我們的技術和能力去克服小阿爾克那數字牌出現的挑戰。宮廷牌描繪出我們（也就是問卜者自己）是如何走過這趟自我培育的旅程。正如《薄伽梵歌》（Bhagavad Gita）所說：「自我（自性）是肉身戰車的駕馭者，感官為馬，心是轠繩。」我們所謂的我，其實是在那無常變遷的戰車之中，由經過培養的社會角色所組成的自己。

到這裡我們就看清楚了，我們是如何在發展和完善我們的人格結構，然後，就如同高塔牌所示現，我們會開始經歷一個崩解的過程，打破那個結構中所有虛假錯誤的東西，再慢慢將它重建起來。我們可能會發現，重組後的人格依然不是真正的自己。於是我們繼續努力，直到將阻礙我們反映真實和完滿狀態的那些外部結構形式全部燒毀。至此，我們便得以在聖盃（Holy Grail）之中看見自己的倒影，如托特戰車牌所描繪的那樣。

最後，讓我們再看一次十六張宮廷牌，以及16這個數字，這次，我們把它拆解成1和6。對應到大阿爾克那，就是魔術師和戀人。這似乎相當吻合，因為在解牌上，宮廷牌確實具有兩種核心功能：

1. 從魔術師牌的含義來看，宮廷牌就是代表占卜中所涉及的這個人內在的某個人格面向，也就是：自我、「第一人」、我、我自己。
2. 從戀人牌的含義來看，宮廷牌也代表與你有關係的人。戀人牌所顯示的，就是內在自我與外在自我之間的一種鏡像反射。明意識看著潛意識，而潛意識則專注於尋求更高自我的指引。我們可以將我們吸引到生命中的人看作我們自己內在過程的鏡子——有時是我們陰暗的負面自我形象，有時則是我們內在當中自己看不見的那些最高心靈品質。[11]

因此，當牌陣中出現宮廷牌，同時從這兩個角度去解讀相當重要：一個是將它看作你自己內在的一個面向，另一個是從別人的角色中去看到你自己。

還有，如我們所知，1加6等於7，於是我們又回到戰車牌：我們透過與他人的互動來精進自己、培養自我掌控力，同時，也看見我們自己內在的不同面向，以某種方式反映在跟我們相處的每個人身上（見下頁附圖）。

價值觀練習

形上學系統有時看似相當神祕而怪異，因為它們通常使用異國或古代語言，而且關聯結構非常複雜，似乎需要多年的記誦才能掌握其要義。

所謂「極有價值、寶貴之物」（value），就是根本上非常重要的東西，這樣東西本身似乎就是終極目的。價值通常可以用一個單詞或一句短語來表示。當我們問自己一些嚴肅的問題，比如：我的人生該走什麼道路？或是，我該怎樣活出最精采的一生？這時，價值

分析偉特塔羅牌的四張大牌之編號
來對應解析宮廷牌的含義

就會介入，影響我們對這類問題的回答。「價值」跟「目標」是截然不同的東西。比如說，賺大錢，是大家共同的目標。很多人在追求賺大錢。但為什麼要賺大錢呢？多數理由都是為了安全感、為了得到別人的尊重、為了健康，等等這些基本需求的滿足。這些都是「價值」，是推動我們努力去賺錢的原因。如果某樣東西很顯然只是達到目的的手段，那麼它就不是一種「價值」。

想想你生命中認為重要的價值，比如友誼、健康等。把每一項單獨寫在一張活頁索引卡或紙上。如果你想要用畫的，也可以用符號、顏色或圖案來表示。對於全球共同的價值儘量保持開放，例如，政治或環保訴求背後的價值觀，或是宗教或靈性方面的承諾，但記得要對自己誠實。不要只因為你認為自己應該這樣做，就肯定某樣東西是重要價值。關注對你來說真正重要的事情就好。若有必要，不妨仔細檢視一下，你實際上把時間和精力花在哪些地方，以及哪些事情能夠真正給你滿足感。在沒有壓力的情況下，去確認你認為真正有價值的東西，盡可能多寫一些。以這個練習來說，最好能寫到十幾個，少寫或多寫幾個都沒關係。

現在，把這些紙張（或活頁索引卡）拿起來，進行排列遊戲。你可以先將它們排成一行，依照重要性來排列，或是從個人事務到公共事務，或是依照其他標準來排列。然後，加入一些創意，用這些紙張來排出一個平面圖案。憑你的直覺，將每一項價值放在跟它似乎最有關係的項目旁邊。

最後，它會變成一張你的個人價值體系圖。這張圖，就是你的世界，它不是根據實體物、地理位置或是事件年代做出的圖表，而是依據你認為非常重要，而且可以激勵你的東西，所做出的一張圖。

現在，把整副塔羅牌拿出來，瀏覽每一張牌，然後找出最能代表你每一項價值的那張牌。有些可能很容易就找到（例如，如果你認為重要的價值其中一項是「正義」），有些可能比較難找。你有選到任何宮廷牌嗎？是哪幾張？把你的這張價值圖畫在你自己的筆記本上，並寫下你看著這張個人價值圖時，心裡浮現的任何想法。

1 有關當代異教運動及其來源的歷史概述，請參閱諾納德・哈頓（Ronald Hutton）的傑出著作《月亮的勝利：現代異教巫術史》（The Triumph of the Moon: A History of Modern Pagan Witchcraft）。

2《返家之歌》（Songs for the Journey Home），由凱薩琳・庫克（Catherine Cook）與德瓦里科・馮・索馬魯加（Dwariko von Sommaruga）共同創作的塔羅牌。

3 參見約翰・奧普索帕斯《畢達哥拉斯塔羅牌》（The Pythagorean Tarot）（此套牌的繪圖者是Rho）。

4 參見隆・麥羅・杜奎特（Lon Milo DuQuette）的《儀式魔法塔羅》（Tarot of Ceremonial Magick）。亦可參考《T之書》（Book T）。

5 最早的黃金黎明文獻，在宮廷牌與輝耀的對應上與後來使用的系統稍有不同。侯克瑪與四張二號牌是屬於國王和王后的權力。庇納和三號牌則代表王子和公主，因為「行動的實現乃因王子出現」（《T之書》）。

6 若想了解更多關於塔特瓦的資訊，可參閱伊斯瑞・瑞格德（Israel Regardie）之著作《黃金黎明魔法系統全書》（Complete Golden Dawn System of Magic），或是近代由約翰・芒福德博士（Jonn Mumford）一套附有牌卡的書《神奇的塔特瓦牌卡》（Magicial Tattwa Cards: A Complete System for Self-Development）。

7 有些人認為，凝視互補色所產生的強烈生理效應，可能會對人的心理造成危害。芒福德博士的書（上述所提）有提供合理可行的指引。

8《T之書》的內容，在羅伯特・王（Robert Wang）的《黃金黎明塔羅導論》（An Introduction to the Golden Dawn Tarot），以及伊斯瑞・瑞格德（Israel Regardie）的《黃金黎明魔法系統全書》當中皆有轉載。

9 托特牌的使用者請注意，克勞利在分派希伯來字母時有做了調整，因此皇帝牌和星星牌的占星對應也隨之有所更動。

10 M A N S 神聖騎士團（The Holy Order of Mans）撰寫之《智者珠玉》（Jewels of the Wise），第73－99頁。

11 保羅・福斯特・凱斯（Paul Foster Case）在其著作《塔羅：古代智慧之鑰》（The Tarot: A Key to the Wisdom of the Ages）中提到此一概念。

第7章

綜合解牌

BRINGING IT ALL TOGETHER

在本書前六章當中，我們從好幾個不同角度來了解宮廷牌。如果你一直都有跟著做書上的練習和牌陣，那麼你的筆記本上現在應該已經寫滿每一張宮廷牌的註記內容。如果你在開始閱讀這本書之前，就已經使用塔羅牌一段時間了，那麼你的筆記本或腦海中可能累積了更多點點滴滴的見解和知識。它可能有點像一個囤積狂人的小閣樓——很多很棒的想法全部堆在一個地方，但是當你需要用到的時候，永遠都找不到你想要的！這一章的內容就是要幫忙你，把你自己的宮廷牌「歸位整齊」，讓你可以更加自信和靈活地解讀宮廷牌。

✦ 純粹好玩的練習

將十六張宮廷牌全部牌面朝上，進行洗牌，然後依照你個人喜好度，從最喜歡到最不喜歡，依序排成一條直行（line）。如果你無法決定你的喜好度，可以先兩張一組進行比較，選出你比較喜歡的那一張，直到你幫這些牌全部找到適當位置。排到最後一張牌時，你應該已經建立起一條喜好度排序——不過，如有必要，也是可以調整。請記得，這純粹只是好玩，所以你可以隨自己的意思來做。把這個排序寫在筆記本上，並註明日期，以便往後某天重做時，可以比較看看，自己的看法是不是有什麼改變。

現在，來找出模式，是不是有哪個位階等級或牌組花色完全落在前半部或後半部？有什麼讓你覺得意外的地方嗎？你有發現哪些成雙成對的牌（夫妻情侶檔）或成群的團體嗎？它們是不是好像在講一個故事？描述一下你最喜歡和最不喜歡的牌的特質。將這兩張牌成對放在一起：是什麼讓它們有這麼大的不同？幫他們兩個人建立關係。你最喜歡的那張牌有什麼「明亮陰影」特質？你最不喜歡的牌有哪些「陰影」特質？你自己的象徵牌落在哪裡？它旁邊有哪些牌，它們之間有什麼故事嗎？你的對手牌在哪裡？在整個陣容當中，它有什麼故事？核心配對或群體是哪一個？回顧一下之前做過的其他練習——朋友與家人牌落在哪裡？

舉例來說，瑪麗最喜歡和最不喜歡的分別是寶劍王后和聖杯國王。把這兩張牌放在一起看，國王眼神盯著王后，彷彿認為王后手上那把劍隨時可能會落到他身上。王后對他的要求好像太高了，讓他嚇得想要縮起來。中間是三張侍者牌，緊接在很會照顧人的錢幣王后下面，錢幣王后似乎用充滿疼愛的眼神往下看著這三位侍者在玩，感覺好像他們被隱藏或保護得很好，不致遭受任何危險。與五年前做的這個練習相比，瑪麗發現，她最喜歡的牌，前三張都跟五年前一樣，只是順序不同，最後的四張牌裡面也有三張是相同的。侍者牌的位置變動最多（幾乎全部往下移動），然後有兩位國王的位置對調了。看到這些讓她苦惱的侍者，她意識到，自己為了將心思集中在工作上，而把自己的玩樂之心幾乎閉鎖起來。

✦ 塔羅學院宮廷牌人格陣列

紐約塔羅學院的瓦德與露絲．安博史東夫婦（Wald and Ruth Ann Amberstone）傳授了一種塔羅技巧，稱為「宮廷牌人格陣列」（Court Card Personality Array）。整個過程需要深入訓練，但他們允許我在這裡用簡化過的格式來解釋其中一個步驟。

首先，選出你最喜歡的一個牌組。把這個牌組的宮廷牌拿出來，然後依照你個人喜歡程度，最喜歡的放在最左邊，依次向右，排成一橫排（row）。完成後，根據以下概念來解釋這幾張牌。

- 你最喜歡的那張宮廷牌（在該牌組中）代表的是，與該牌組相關的屬性特質當中，你所具備的強項、才能以及主導性格。它意謂著天生自然的喜好傾向與正向反應，以及你最想要成為的樣子。

- 你第二喜歡的那張牌，代表的是你較為內在、較不被人看見的性格面向，它會增強和支持該牌組的主導性格，或是變成由它來主導。這是你的另一面自我。
- 你第三喜歡的那張牌，代表你的內在驅力：意指在該牌組屬性當中為你帶來挑戰、或使你挫敗的事情。你可能正面臨到這個問題，而且必須注意這些特質帶來的影響。
- 你最不喜歡的牌，就是對你來說最難成為的那個你。這是你最不喜歡的，甚至可能是討厭嫌惡的。因為最不喜歡，所以它通常會被你無視。因為討厭，所以這個特質可能會變成你的一種固執和困擾所在。它可能會被你否認、排拒，甚至可能向外投射在別人身上，把對方當作敵人。這張牌的含義通常跟逆位的宮廷牌含義相關聯。

在解釋「宮廷牌人格陣列」時，有時可將前兩張牌視為一組，後兩張牌視為一組，在解釋上會有幫助。

舉個例子來說明。嘉娜選擇了錢幣牌組（安全感、務實、肉體物質、重視自我），然後第一喜歡侍者，第二喜歡國王。她認為自己就像一名學生，擁有開放學習的心、喜歡問問題、對生命充滿驚喜好奇，但有時會表現出某種能力與專業上的傲慢感。她希望自己是一個開放、有彈性、純真無邪的人，但在內心深處，她很清楚自己的價值和信念（國王）。她的第三張牌是錢幣王后。在物質俗世的這部分，嘉娜被富有和奢華心態所驅使，而且可能需要小心關於財富和安全感這方面的問題。最後一張牌，也就是她最不喜歡的，錢幣騎士所具備的堅定毅力對她來說是最難達到的。她極力想要逃避無聊和固執倔強的態度，她認為這種人就是她的敵人。

如果你願意，可以分別對四個牌組都做一次。你最不喜歡的那個牌組，對你來說可能困難度更高。不妨思考一下，你是不是會將那些性格特質投射到別人身上。

✦ 思考關鍵詞彙

儘管有些占卜師認為關鍵詞這種東西有點老套、缺乏新鮮感——就像晚間新聞固定出現的「金句」——但是為每一張牌開發出屬於你自己的關鍵詞，這個過程卻相當有價值。你能用十個詞彙來形容自己嗎？結果當然無法完整，但這個嘗試的過程卻能帶給你刺激、收穫，而且充滿探索的樂趣。在這本書，我們假設，雖然你對宮廷牌的解釋會受到塔羅傳統牌義的影響，但它同時也會包含你個人的解讀在內：你跟每一張牌都擁有獨一無二的關係，而這種關係，就是你在幫自己或他人解牌時可以運用的一種力量。

如果你平時就有幫每一張宮廷牌做筆記的習慣，不妨拿出來重新讀一次，然後把你覺得有特別深層含義的地方做記號。也許是做練習時有某個東西觸動到你，或是你從一次特別的占卜解牌中領悟到某張牌的本質含義。如果你之前都沒做筆記（就像本書作者之一，他的書架上有一堆半途夭折的筆記），你還是可以為每一張宮廷牌寫下一些你最有感受的聯想。

記下你對每一張牌的最強烈印象之後，你可能會注意到，你好像特別偏愛某種解牌法。很可能你寫的短句大部分是屬於心理層面的，或是跟占星或卡巴拉有關，或者，是一些非常具體的特性，比如：外表、職業、人際關係等等。重新把每一張宮廷牌看過一次，試著把你之前忽略的解釋面向寫下來。比如說，如果你之前偏向做人格解讀，這次可加上一些比較具體的生理特徵，以及一些形上學方面的關鍵詞。

接下來是較困難的部分。把十六張宮廷牌看作一個群體，然後問自己兩個問題：

- 某些牌之間的差異是否被模糊了，變成實際上似乎是代表相同的東西？（例如，你是否覺得聖杯侍者和錢幣侍者同樣都是愛幻想的年輕人，是情感脆弱而且被動的小孩，只等著事情自己發生？）

- 十六張宮廷牌真的能夠完全涵蓋人類所有的性格嗎？或者，是否有明顯的遺漏？（例如，是否沒有一張宮廷牌看起來是代表幸福快樂的，或是多愁善感的，或是愛挑剔的人？）

如果兩張牌看起來非常相似，你可能需要找出它們之間的對比。聖杯侍者可能比較帶有詩意、音樂性、藝術氣質，而錢幣侍者則相當務實、忠誠和勤奮。把有助於將兩者做出區別的那些特質找出來，加到你的關鍵詞彙表裡面。

第二個問題可能更難處理。因為遺漏的東西可能並不明顯。可以試著想想，你自己這些年來親身經歷過的一些事情（還有你的朋友親身參與過的事），也許會有所幫助，把那些事情的「主要參與者」，以及他們的明顯特徵寫下來。此外，也注意一下你自己的生活中不太會碰到的領域。比如，你可能沒有小孩，但你的關鍵詞裡面還是需要搜集一些關於親職的議題。又比如，你可能非常專注於自己的靈性道路，但你的關鍵詞仍然需要搜羅關於工作、人際關係以及其他較為現實面的東西。如果你有發現到自己忽略了哪些人類實際生活面，可以問問自己，你手上的這副塔羅套牌裡面，哪幾張宮廷牌最能涵蓋那些概念。

現在你已準備好為每一張宮廷牌建構屬於你自己的關鍵詞庫。當然，關鍵詞的確切形式是由你來決定的。不過，最好是使用一些與人相關的具體名詞，然後將那些名詞與形容詞結合起來，來豐富你的關鍵詞庫。主要是因為宮廷牌雖然是「人」，但也同時允許加上抽象和原型特質的描述。

舉例來說，你可能已經寫下關於聖杯國王的一些關鍵概念：會關心照顧別人、多愁善感、情感豐富、水中之火、巨蟹座、祖父、音樂家、失去的機會、不理性。這些概念也都可以再加上形容詞／名詞，做出詞語組合，例如：一位多愁善感的音樂家、一個很會照顧人的祖父、一個不理性的照顧者、一位多愁善感的君主。

有沒有注意到，這些名詞全部都跟「人」有關，這提醒了我們，宮廷牌永遠都是代表我們自己或他人，而形容詞則暗示了這張牌背後一些較為抽象的能量。嘗試用這種形容詞／名詞模式，為每一張宮廷牌建立一些短句，當然也可以隨意添加不同形式組合的詞彙或詞句。有時候，在查看你的關鍵詞庫時，腦海中可能會突然浮現一個抽象名詞，比如：正直、邪惡、勤奮。這些單詞也非常有價值，應該涵蓋近來。如果這個時候你造出的短句看起來有點冗長累贅或是沒什麼啟發性，也不要擔心；你以後一定會有機會把它們改得更完美。

過程中，你可能會發現你對某些牌根本沒有什麼靈感。陷入這種僵局時，一個解決方法是：進行一次「進入這張牌」的冥想，跟這個特別的人格共處一段美好時光。

這個階段，你要開始將這些牌視為一個系統，而不僅僅是單一人物，這很重要。從其他練習當中，你可以感受到每一個牌組和每一個位階的什麼牌在性格、角色、職業和價值觀方面有些什麼共同點。看看你能否在一些關鍵詞當中捕捉到那些共同線索。回想前面章節提過的，每一個牌組都可能代表我們生活中的一個特定領域，而每一個位階人物在該領域中會有不同行事風格。因此，舉例來說，如果你手上這套牌可以符合傳統的解牌知識，聖杯牌與內心事物相關聯，而騎士牌代表活躍的、外放的能量，那麼聖杯騎士這張牌就是代表一個具有活躍熱情能量的人：他可能是大膽的愛情追求者、會勾引人的愛情騙子，或是非常擅於表達自己情感的人。但是，如果你對於你手上這套牌的宮廷牌印象，似乎跟傳統解牌觀念不一致，也請不要擔心。請遵循你手上這套牌本身的引導，只要記住以下準則就可以了：

- 每一個牌組和每一個位階都應該彼此做出明顯區隔；盡量不要有兩個或多個重複同性質領域。你可能需要強調它們之間的差異對比，同時淡化它們的相似之處，來做出區隔。
- 四個牌組應該要儘量涵蓋到我們生活的各個面向，而四個位階人物結合起來，應該要能涵蓋人們在處理事情時採取的不同應對方式。如果你最初對這些宮廷人物牌的印象是非常具體而且明確的，那麼你現在可能需要將他們稍微變得「一般化、普遍化」，找出一些可以對應的抽象概念。
- 要保證你能夠以某種方式將你的牌組關鍵詞與符號本身連結起來。如果你認為寶劍是代表奉獻、慷慨和樂於助人（這並非不可能，它完全取決於你個人對宮廷牌人物的印象），那麼你就需要清楚說明，為什麼寶劍是象徵這些特質，而不是傳統上所說的那些特質，比如代表衝突或英勇。

現在，重新瀏覽一遍十六張宮廷牌，仔細查看每一位人物、牌組關鍵詞以及位階關鍵字。在你的腦海中搜索，可以將這三個面向整合起來的文字或圖像。替每一張牌找出三到六個簡單的短句（也可以只用單詞）。至少要找到一個通稱來解釋這張牌（例如：「家庭事務的領導者」），以及至少一個較為具體生動的形象（「單相思的受害者」）。如果你創造的這些詞彙都沒有達到「優美文學造詣」的標準，也請不要擔心；豐收大多來自辛勤耕耘。當你不斷練習，數天或數週後，也許更精準的詞彙就會突然從你腦海冒出來。

把所有宮廷牌都完成後，做最後一次瀏覽，確保你對這些結果是滿意的。你可以提出以下這類問題：

- 關鍵詞跟圖像是否搭配得剛剛好？
- 是否有哪幾張牌的關鍵詞太過相似，使得這些牌的界定模糊不清？
- 這些關鍵詞是否充分涵蓋了人類的性格類型與行為，當中是否存在著盲點？
- 這些詞彙能否在我腦中喚起強烈印象，抑或，它們還是會讓我在解牌時搜索枯腸？

順利完成這個練習，你就有了一個紮實的基礎，可以去掌握一副牌的宮廷牌要義，帶著自信去做解讀；雖然，塔羅牌的牌義解釋不可能有真正的定稿版本。隨著你透過實務經驗，持續在每一次占卜中做觀察，還有你自己的成長與學習經驗，都會讓牌義不斷擴大和改變。你可以將這些關鍵詞彙視為一種動態文檔，保留在筆記本中，隨著時間的推移，隨時做添加和更新。

實例解說

以下列出的關鍵詞，是運用上述方法專門為《瑞士１ＪＪ塔羅》這套牌創建出來的。它們並不適用於其他套牌，但卻是一個很好的例子，讓我們知道如何建立屬於自己的關鍵詞系統。請注意看，如何用單一詞彙和短句來組成關鍵詞句，以及如何同時將具體和抽象的概念包含在一個關鍵詞句中。透過上述所說的方法，就能幫這副特殊套牌的宮廷牌組與位階人物界定出以下這些核心主題。請注意這些主題是如何反映在每一張牌的關鍵詞中。

牌組	棍杖（權杖）：率直	聖杯：想像力豐富	寶劍：獨立自主	錢幣：責任本分
位階	國王：存在感	王后：人際關係	騎士：行動	侍者：服務

棍杖牌組 BATONS

棍杖國王：一個強大的存在，一位權威人物；專家大師；族長；能夠毫無保留也無任何矛盾情緒地負起責任。

棍杖王后：一個真誠、個性外向的人，在人際相處中相當有自信；社會大眾信賴的人。

棍杖騎士：一個身體健壯、活動力很強的人；行動不受想法影響；一位運動員；粗暴魯莽；一個霸凌者。

棍杖侍者：一個心思敏感的幻想家；一個善解人意的朋友；開放的創造力；自在不拘束、愛交際；和藹可親（令人感到愉快）。

聖杯牌組 CUPS

聖杯國王：一個想像力豐富的怪人；一位已退休的名家大師；一個心不在焉的教授；懷舊；懊悔。

聖杯王后：一個愛管閒事的雞婆；一位健談的護士或廚師；一名通靈者；一個情緒激烈、心情容易激動的人。

聖杯騎士：一個喜歡賣弄炫耀的藝術家；憑幻想行動；裝腔作勢；好色；時尚。

聖杯侍者：一個心思重重、喜怒無常的人；一個生性敏感的人被困在必須卑躬屈膝的角色中；受傷的夢。

寶劍牌組 SWORDS

寶劍國王：一位自力更生的領袖；精神力量；一位科學家；一位戰略大師；最終的定奪。

寶劍王后：一名企業家；一個操縱者；利用別人來達成自己的目的；為了一項重要的個人理由而工作分心；行動主義。

寶劍騎士：一位大膽的變革推動者；執法人員；獨斷獨行；採取防衛行動；為達目的而嚴厲不妥協。

寶劍侍者：一個冷漠、不相信別人的人；一個自我很強的人被剝奪了權力；一名罪犯；焦慮；暗自激動興奮。

錢幣牌組 COINS

錢幣國王：一個正直的人；一個盟友；能力；憑藉自己的聲譽、影響力或資源來幫助別人。

錢幣王后：一個靦腆但容易緊張的人；對他人的責任感；從衝突中退出；一個心思敏感的小孩。

錢幣騎士：一個忠心耿耿的人；對家庭全心奉獻；履行自己的職責。

硬幣侍者：一個勤奮工作的人；公平公正；養育兒女；以一份出色工作為榮；耐受力；持續專注於自己的任務。

✦ 那它究竟是代表誰？

我們已經看到，每一張宮廷牌都各自擁有明顯不同的性格，也看到他們如何在某個特定專業領域扮演特定的角色和工作。此外，由於我們每個人的性格都有非常多面，也會扮演各種不同的角色，所以，一張宮廷牌也只是代表我們自己內在的某個面向而已。

所以，當錢幣國王出現，你要怎麼知道他是代表你向他申請貸款的那位銀行員，還是代表你自己內在管理實際事務方面的能力呢？會不會也有可能，他是代表更抽象的東西，比如，透過俗世生活經驗而顯現的精神力量？

說到底，從你自己對這張牌的反應，你應該就能獲得指引，知道該選擇哪一種解釋。不過，你也可以參考以下幾個方向，來決定你該如何解釋一張宮廷牌。

- 從陣位來判斷：牌陣中的某個陣位很自然就是代表某個解釋。例如，如果這張牌在牌陣中出現的位置是代表「你在別人眼中的樣子」，那麼很自然地，這張牌就是代表你正在扮演的角色，或是你這個人展現於外的性格特徵。但是，如果這個位置是代表「外部影響力」，那麼這張牌很可能就是代表其他人，你可以透過這張牌的性格、角色或職業來辨識出他是誰。
- 從其他牌來判斷：有時，牌陣中的其他牌會清楚告訴你整個故事梗概，因此你可以知道一張宮廷牌的某種解釋可能會比其他解釋更適合。例如，如果牌陣中大多數的牌都是關於問卜者跟她兄弟姐妹之間的競爭，那麼，權杖騎士這張牌很可能就是代表她的兄弟，而不是代表她自己內在的某個性格面向。

- 從問題的性質來判斷：如果這個問題的重點是屬於內在、心理上的或精神上的，將宮廷牌視為問卜者性格的一個面向，可能會比較有助於解牌。如果問題是比較屬於外在實際生活層面的問題（比如：「我的支票要到三週後才會兌現，那我要怎麼付電費？」或是，「當我知道我付不出這個月的房租，那我該怎麼跟我的房東說？」），這時，將宮廷牌視為問卜者生活中的特定人物，可能對解牌比較有幫助。
- 從特殊關聯來判斷：作為解牌者，你是否覺得這張牌跟問卜者或問卜者生命中的某個人存在著特殊關聯？如果這副牌很明顯有使用到占星對應，而且這張牌與問卜者的太陽星座（或問卜者伴侶的星座）相吻合，那麼就可能是代表這個人。問卜者自己對這張牌的指認也適用這個原則，而不僅限於各種對應關聯。問卜者有自己喜歡的指示牌嗎？
- 根據此副牌卡創作者的意圖：有一些套牌的創作者會使用帶有強烈文學性、心理學或形上學取向來設計宮廷牌。如果這套牌的說明手冊（及其象徵符號說明）極力鼓勵你將宮廷牌視為一個人的行為或是一件事，那麼你就該朝這方面去解釋，除非有其他更明確的理由要你你放棄這樣解釋。

- 從投射特性來判斷：不要忘記，根據「投射現象」（第五章有討論過），宮廷牌可解釋為問卜者性格的其中一個面向，這絕對是相當貼切的，雖然我們也有充分理由可將這張牌看作是其他人、某件事情，或是形上學方面的某個作用力。

幫別人解牌的一些技巧

- 請問卜者簡單描述一下這張牌（客觀陳述表面看到的即可，不需要解釋這張牌），然後描述一下牌面上那位人物的心情、心態和情緒感受。留意問卜者所說的與標準牌義解釋之間的最大相似處或不同之處。特別注意是否有任何不尋常的解釋，尤其是對逆位牌，因為那些內容有可能正是這張牌會出現逆位的關鍵。留意一下，當問卜者慢慢認出這個人是誰，他的反應是否有變得比較激動或強烈。問問他（她），誰跟這個描述最吻合，還是問卜者自己跟這個描述很像。
- 除非陣位或相鄰牌另外帶有其他含義，請為問卜者提供一系列關鍵字詞和選項，讓他們了解這張宮廷牌的含義，並讓問卜者自己告訴你，哪一個關鍵詞最準確——請以他或她所說的為準！但同時，你也要在心裡記住其他關鍵詞選項，因為之後解牌時可能會派上用場。比如說，問卜者堅持他的生活中沒有小孩子，但後來才意識到，錢幣侍者可能是他的侄子，而他曾答應要帶這個侄子去看棒球比賽。但是，假如沒有出現很明顯的相關，解牌者也要隨時做好準備，放棄朝這個方向去解釋。畢竟，出現國王牌或王后牌，並不一定每次都是跟親職問題有關！

- 詢問具體明確的資訊。請提問者描述一下，為什麼這張牌是代表他認為的那個人。這張牌什麼地方跟那個人的特徵相符？儘量以問卜者自己的說法為準。如果問卜者說這位權杖王后「不是在關心別人，而是讓人窒息」，那麼不妨看一下整個牌陣，是不是可以符合「讓人窒息」（smothering）這個詞的脈絡。「讓人窒息」會不會是跟位階或牌組元素的特性相關？「窒息」這個關鍵詞意謂著這張牌的火元素能量可能相當活躍，因為一個人可能在一場火災中窒息，尤其是在缺乏風（空氣）的情況下。還有，窒息／smothering 這個關鍵詞跟「母親／mother」相當近似，這也暗示著這個人可能想到自己有一個情緒容易暴躁的母親。但是你要直接去問他，是不是這樣，而不是自己假設事情就是這樣。
- 當提問者對某一張牌出現強烈反應時，可以問問他，是什麼原因讓他有這種反應。要完全接納問卜者的感受和看法。舉例來說，如果問卜者覺得聖杯王后很可怕，那你可以問他，可怕在哪裡，而不是試圖去改變對方的想法，執意告訴他說聖杯王后很有愛心又很溫柔。不過，你還是一樣可以提出不同的看法作為對照。作為解牌占卜師，你要以正向積極、探索性的方式來做這件事，這樣才不會讓對方覺得，你在暗示對方是錯的，你必須要能支持他的看法，因為那些反應都是合理的。

- 要接受問卜者對某張宮廷牌的評價，不管這張宮廷牌所代表的性格特質對他來說是好還是壞，除非這張牌所在的陣位很明確有所指。例如，聖杯侍者出現在代表「什麼事情阻礙了你」這個陣位上，那麼我們就可以假設，這張牌的含義可能會以負面居多，這樣解釋是沒問題的。但是，如果是在代表「過去」的陣位上出現這張牌，那它代表的含義就可能從好的到壞的，或是從快樂到悲傷，這整個區間範圍內都有可能。又比如，要辨別問卜者對權杖騎士這張牌的態度，你可以說：「這張牌可能帶有火爆的特質。你會喜歡那種火爆的感覺嗎？還是覺得它讓你壓力很大？」
- 讓問卜者自己模仿跟那位宮廷人物一樣的動作。引導問卜者試著做出跟牌面人物相同的姿勢動作，問問他有什麼感覺。然後讓問卜者用那個人的性格來說話。
- 根據整個牌陣中的其他張牌所描繪的情況，讓問卜者自己說說，那些宮廷人物可能會說出什麼話或給出什麼建議。讓這幾張宮廷牌相互交談。這種自發性的對話所表達出來的觀點和態度，可能會跟問卜者認識的人，或他自己內在的不同性格面向所持的觀點和態度很類似。從這些類比反應可以看出一些內部和外部衝突，也能透露出問卜者會從哪裡接收到支持、批評或要求。

- 從整個牌陣中去看，宮廷牌跟其他牌是否有出現相似的符號或關鍵詞。這些相似處就代表這兩張牌可能有相關聯。如果彼此差異很大，那就是代表幾乎沒什麼共同點。錢幣侍者手上拿的那枚錢幣，有時候看起來很像太陽牌中的那顆太陽。而聖杯王后和高塔這兩張牌幾乎沒什麼相似點，這裡的聖杯王后，可能會因為實際處在一個對她（水元素）不利、讓她感到不舒服的情境中，而被削弱了影響力。
- 要允許荒謬、不在預期之中，或是純粹靈魂方面的直覺。一位女士抽到錢幣騎士逆位，占卜師者就把焦點放在這位騎士頭盔上的橡樹葉，憑直覺詢問這位女士，她跟凱爾特神話裡面的橡樹王有什麼關係。這位女士大感驚訝，因為那正是她精神生活中非常重要的一個神話人物。

✦ 解牌範例

為了了解宮廷牌在我們常用的牌陣中該如何解讀，以下就舉一個凱爾特十字牌陣作為範例來說明。漢娜是一位四十多歲的作家。她正在撰寫一本關於寫作的非小說類書籍，但是陷入寫作困境，她想知道自己該如何解決這個困難。她的問題是：「我正在做的這份工作，真正的核心是什麼？我撰寫這本書只是為了滿足我自己嗎？還是，這就是一件我需要去做的事？」

塔羅占卜師的主要任務是，就漢娜抽到的牌來問問題，並指出這些牌跟牌面符號之間的關聯性。而大部分的描述和見解都是由漢娜自己來說。

漢娜選了聖杯王后這張牌來代表正在寫作的她。另一張唯一可能的代表牌是權杖王后，但又覺得不太像。她覺得聖杯王后的身體姿勢跟現在的她很像——低頭看著自己的電腦螢幕或稿紙努力工作。她注意到有水從她身旁流過，把她的坐椅團團圍住，但她的雙腳穩穩踩在一堆石頭上。她好像對手上那個杯子特別有興趣。

「我總是把這杯子側邊那兩隻東西看作是魔鬼而不是天使——所以它看起來有點像一隻怪異的魔鬼機器人——然後我當我仔細看（杯子的裝飾），又好像看到小天使。我覺得我跟這個杯子之間好像有什麼奇怪的連結。它幾乎就像我的一個隱形朋友，總是陪在我身邊，但它被封閉起來，像一團非常神祕的東西。它應該有眼睛。當我看著它，它就會跟我說話。我就是用這樣的方式在看周遭事物，這就是我的寫作方式。如果寫作能揭露一個人的生命，那麼這個也是，對我來說，我的寫作就是如此。牌面背景中的那座懸崖，讓我想到我住過的幾個地方——聖塔巴巴拉、瑪莎葡萄園島等。這又是我跟這張牌的另一種聯繫。」

因為她的太陽在巨蟹座，是水象星座，所以這張牌在占星學上也算跟她吻合，雖然占卜師覺得漢娜實際上可能比她自己選出來的那張牌還要務實很多。

牌陣所顯示的牌如下（請見249頁附圖）：

1．什麼蓋住她：隱士

2．什麼橫過她：權杖九

3．什麼在她底下：太陽

4．什麼在她後面：錢幣侍者逆位

5．什麼在她頭頂上方：錢幣三

6．什麼她前面：聖杯三

7．她自己：魔術師
8．她的環境：寶劍七逆位
9．她的期望和恐懼：女皇逆位
10．她近期的個人能量：錢幣王后逆位

漢娜看到最開頭兩張交叉牌，隱士和權杖九，基本上都是自己孤單一人。一個比她年長，另一個比她年輕。她沒有權杖九的結實肌肉力量和耐力，但也還沒打算像隱士那樣「歇手叫停」。隱士應該是已經接受一切都無望了，決定不繼續寫這本書——但她還想繼續寫。這兩張牌還存在著其他差異，一張是冬天，一張是春天；一張是晚上，一張是白天。當她發現，這種進退維谷的兩難局面，完全就是她目前內心問題的寫照，她哭了出來。權杖九有力量可以寫作，而隱士沒有。她內心似乎想要就這樣接受，覺得不需要再做這件事，但隨後又感覺她的小我在推著她要去做什麼事。隱士是她天生原本的內向性格，而權杖九則不斷推動著她，要去分享自己豐富且難得的經驗。

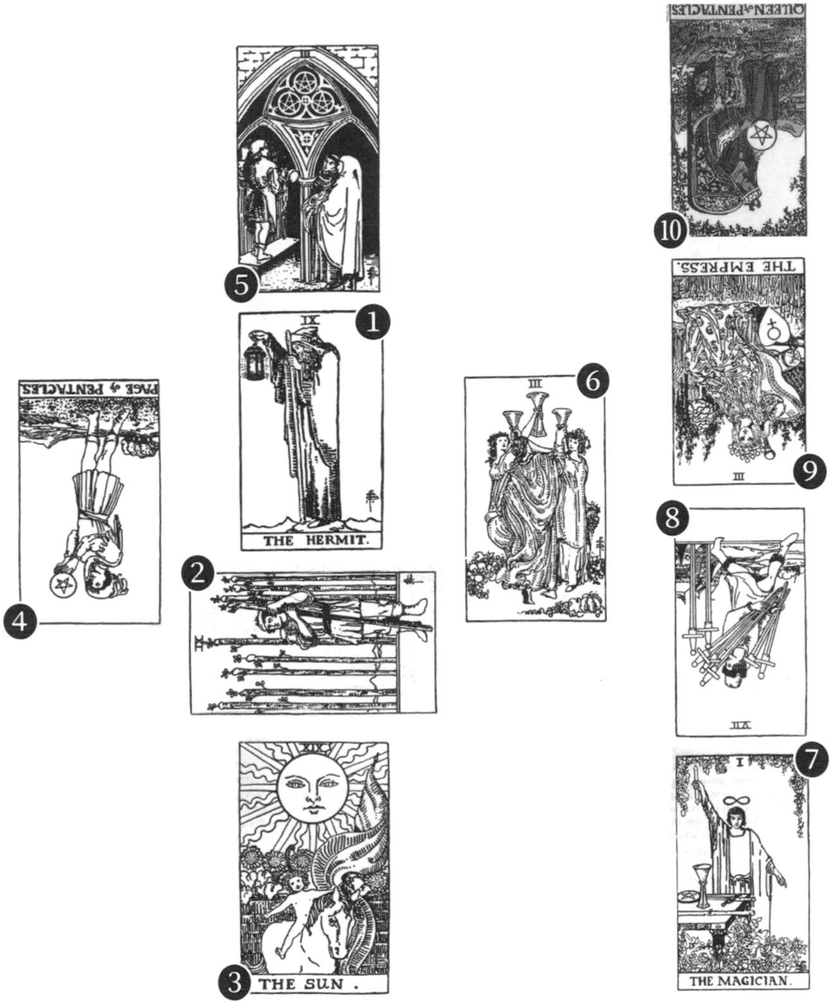

漢娜的凱爾特十字牌陣（使用牌卡：普及版偉特塔羅）

在這件事情底下，也就是問題最根源或無意識的是太陽牌。她內在最根源的太陽，她的小我（ego）堅持要她繼續寫這本書。它說：「這就是真正的妳啊，這就是妳要做的。」但她好像覺得自己比較像牌面上那匹馬，因為她也常會低頭看看然後又抬頭向上看，感覺有點調皮。這匹馬看起來像一個調皮小鬼，好像在說：「我猜妳不敢。」漢娜覺得自己跟牌面上那個小孩根本沒任何連結。把這個「小孩」生出來的潛力顯然是存在的，但那份能量卻被埋在很深的地方。

「過去」陣位上出現的是錢幣侍者逆位，傳統上這張牌是代表孩子的問題、學習困難、壞消息或是童年過得不順利。漢娜認為，這位侍者的目標很膚淺、「不夠崇高」。如果是正位，那看起來還不錯，但並不是一個堅強的人。如果逆位，代表這個人失去了對目標的控制權，而且心裡很害怕。四天前，她放棄了自己的目標，決定不再繼續寫這本書——而且是第二次這樣決定。這個目標似乎不值得去追求。她的書已經失去價值。這種半途而廢讓她想起小時候坐在家裡的門廊上，想著自己沒有畫畫的才能，然後決定放棄。這位侍者手上的錢幣就像縮小版的太陽。太陽牌牌面上的那匹馬，內心帶著憤世嫉俗，不相信自己的能力，因此認定這個孩子／侍者也會這樣。漢娜說，雖然她做了很多事，但是每當她完成一項任務的瞬間，她都覺得自己好像根本什麼都沒做——儘管她已經寫過數百篇文章和數千首詩。她覺得問題的部分原因來自過去她的父母要求她必須做大事，要當一個能事生產的人。而她的文學作品是坐在書桌前做夢創作出來的，她的父母並不認為她有在做事。所以，一直以來她總是得忍受這些貶低和羞辱。「如果我能克服這一點，或許就能繼續寫下去。」她這樣說。

錢幣三出現在代表「她的理想」這個陣位。這張代表工作和技藝的牌，感覺蠻中性的。事情正按著計畫進行，沒有太多情緒。她在想，如果她也能做到這樣，那應該會很棒。當占卜師問她，牌面上哪個部分代表她的工作，她認為是三個錢幣正中央的那個小圓圈。這個點正是所有事物的核心或中心點，也是教堂建造工作的起點，但牌面上這三個人看起來早就已經完成這部分的工作，現在已經把心思放在別的事情上。她覺得自己現在仍然躲在黑暗的陰影中。她的書就是在談寫作的根本起點——告訴讀者該從哪裡開始寫作——也就是關於取材的奧祕。但是別人會認為這件事很重要嗎？牌面上這三個人，就算沒有想到這些，也似乎可以完成很好的作品。儘管如此，漢娜還是認為，她的文章或許可以幫忙解釋寫作的核心要素，讓更多人知道。

在代表「未來或下一步」的陣位上，她抽到代表慶祝和豐盛的聖杯三。她笑著說，牌面上這三個人就是她的編輯、未來的出版社以及她的塔羅占卜師。她覺得這些人也可能是她的朋友，正在為她乾杯慶祝。她覺得她的朋友（包括好幾位寫作學生）經常對她鼓勵有加，給了她許多勇氣。但其中一個問題是，她之前的文章似乎大多針對特定的學生族群而寫，而非針對不熟悉她作品的普羅大眾。這張牌讓她意識到，這種屬於她個人的寫作調性，以直接和鼓勵的方式對她認識的人說話，或許正是她的這本書需要的。「這就是奧祕所在，」她說，「那是一個可以給人熱情和勇氣的基地。」

魔術師這張牌出現在代表「她自己」的位置上。根據黃金黎明的傳統牌義解釋，這位魔術師就是奇蹟之神墨丘利（Mercury，在占星對應上也是對應水星），也是傳訊者、溝通者。漢娜說：「寫作是一門奇蹟藝術、神奇學問。你可以用幾句話改變任何東西。而且，他種了很多花——充滿活力和生機，而不僅僅是奇蹟魔術。」她的散文就像百合花，她的詩是玫瑰。但這些都必須由她自己來完成——獨自一人、與塵世隔絕、全神貫注而且不被理解。她不知道她是否有能力讓自己被人理解。當她的詩集出版時，本應是值得慶祝的好事，但她覺得很困難。

寶劍七逆位出現在代表「外部環境」的位置。正位時，牌面中的人看起來很輕浮、暗自得意、心思分散，似乎沒有能力完成什麼事。漢娜認為這個人身邊圍繞著一群人，他在這塵世之中，這些人也是他生命的一部分。她知道這張牌通常是代表偷竊，但她覺得那個人是在跳劍舞。逆位時，這個人看起來變得有點虛弱無力，像在做夢，在夢中遊走。如果魔術師處在這種環境中，他應該會感到很空虛，就跟她感受到的一樣：被周遭發生的事情壓得喘不過氣，以致她只想偷偷溜走（雖然她內在也有一部分像聖杯三，喜歡跟人一起歡樂聚會）。

在代表「期望和恐懼」的位置上是女皇逆位，這張牌可說是「跟母親有關之問題」（mother issues）的經典牌，但逆位也代表躊躇不定和沒有生產力（不孕）。漢娜認為，正位的女皇代表美麗、充滿希望，因為牌面上那些花朵跟魔術師花園裡的玫瑰花一樣，還有，女皇的頭上有很多星星。她整個人看起來很平靜、輕鬆、充滿自信。逆位時，這位女皇看起來變得愁容滿面，像是缺了一條手臂，整個人變得有點古怪。如果漢娜照著這張逆位牌的能量去走，她會把自己一個人關起來，但或許可以因此完成一些工作。原本直截了當、簡單乾脆的事情，卻變成扭曲混亂。這種逆位的情況，讓女皇變得有點神經質、令人討厭。如果陷入這種情況，她應該會用這樣的方式去面對和解決，她會說：「嗯，這對我來說很困難，很難接受居然得經歷這場戰鬥。」危險的是，她會回到錢幣侍者這個位置，覺得這件事根本不值得做。

最後一張牌，錢幣王后逆位，很像女皇和錢幣侍者的合體。它好像在問：「妳怎麼有可能順利完成這本書呢？」這張逆位牌暗示了，她對自己是否有能力做出這本書始終沒有信心、充滿不信任。先看正位牌，漢娜覺得這位王后可愛迷人、謙遜和藹又美麗。她不知道自己在挑選象徵牌時怎麼會把這張漏掉了。王后膝上的那枚錢幣比侍者手上的錢幣「更有真實感」，她幾乎是把它當成嬰兒一樣在照顧。再來看逆位，如果她的才能沒有得到賞識，她會深深陷入絕望之中。這也反映出漢娜的一部分情況，她真的很想把這本書做好，但並沒有得到她父母的鼓勵，尤其是她母親，她想要立即看到漢娜做大事。漢娜有能力像魔術師那樣在短時間內保持專注，比如寫出一首詩，但她無法長時間專注在同一件事情上。她很難每一天、隨時隨地都鼓勵自己、滋養自己、疼惜自己。她很擅長跑短程，像魔術師一樣動作很快。「母親是其中一個原因，我必須告訴自己要工作更有成就，要多跟外界接觸。她希望我快樂幸福。她一直要我多交點朋友，但我覺得朋友一個就夠了。其他東西我並沒有真的很想要。他們根本一點都不了解我。」如果漢娜可以說得出口、告訴她母親不要再逼她，她可能會對母親說：「不要逼我變成另一個人，那不是真正的我。別再逼我去跟露西玩，我根本不喜歡她。不要再嘲笑我的理想。」漢娜似乎一直在對她母親說這些話——但現在卻轉而表現為對自己寫書這件事情的抗拒。

當占卜師問她，聖杯王后（她的象徵牌）對哪一張牌感覺最自在，漢娜回答：「我覺得她會跟錢幣王后成為朋友，但後來她又愛上錢幣侍者——他們兩人之間好像有一股奇怪的吸引力。他好像可以了解她，可以讓她感到安心，又很親密。就好像他可以跨過那片水域，甚至飄洋過海來到她身邊。」錢幣牌確實能夠看重聖杯王后的特質。

這個牌陣中出現的幾張大牌——魔術師、女皇、隱士和太陽——分別代表了她所展現的不同創作模式：她的詩、新書計畫、進入自己內在，以及在塵世事務中滿足她的小我。任何一個都不能被捨棄，如此那唯一的（女皇）才能夠實現她的成就。女皇牌逆位代表她透過象徵性的九月懷胎來孕育一本書籍誕生的重重困難。她擔心其他每一張大牌都會消耗她寫書所需的能量，但又覺得不該把它們犧牲掉。問題在於，當女皇處在負面能量狀態時，其他這些大牌如何能在不迷失自己或危及自身內在價值的情況下，給予女皇支持的力量。

如果可以從牌陣中拿掉一張牌，她會選哪一張？漢娜選了寶劍七，因為它代表一種能量上的壓榨和時間的竊取。通常她會派出隱士來面對這件事，她會在家中找個安靜的地方點上蠟燭，把自己縮起來。女皇牌則比較直接，會逼她面對這本書，趕快生出文字來，但她會有陷入負面情緒的危險。魔術師則可以快速完成一件事來給她力量，而且提醒她，不管任何時候她都有能力寫出一首詩。

這個時候，漢娜突然很驚訝，她之前居然選了聖杯王后這張牌來代表她自己。「我現在被她嚇到了，因為之前這個人真的太憂愁了。失去那個她，我很難過，但她已成為過去。」錢幣王后似乎比較有光彩、比較有活力，也更漂亮。相較之下，聖杯王后看起來冷冰冰，漢娜感覺，那個怪異的魔鬼聖杯好像只會像機器人一樣跟她說話。

漢娜最想在自己身上培養的特質是正位的錢幣王后，因為她可以毫無掙扎地承擔起這本書的寫作計畫。她將自己放在一個更高的視野（錢幣王后坐在一塊高地上），她可以帶著充滿慈愛的心，以冷靜和腳踏實地的方式來面對這份工作，而不用擔心被情緒干擾，這也會讓她更「文思泉湧」。但這張牌是逆位，因此她一定得要更有自覺意識，更謹慎地跟這張牌合作才行。

雖然占卜師給出的建議不多，但她已經明白自己大部分的內在狀況，漢娜認為，這次的占卜解牌幫她澄清了最重要的問題，而且讓她知道應該把精力放在哪個地方。最重要的是，她在說出這些經歷的過程中，有時笑、有時哭，因此讓她對自己這個人有了不同的認識（從聖杯王后到錢幣王后），也擴大了她潛在的可能性。

第8章

設計自己的宮廷牌

BUILD YOUR OWN COURT

本章的內容是為所有曾想過自己創作塔羅牌的人所寫的（就承認吧，你有這樣想過，對不對？）。即使你並非為了公開出版而設計套牌，但有時候心裡就是會有想要自己創作的衝動。大多數塔羅迷到最後都會發現，自己的腦子裡偶爾就會浮現出牌卡設計的點子，甚至還會將這些想法寫在紙上。製作自己的套牌是一項很棒的練習，可以讓你深入了解每一張牌的本質。很多人也會製作一套牌作為自用。搞不好你會發現你的作品有市場喔！就算你從來沒想過要製作自己的套牌，你也可以從這一章的內容深入了解你目前使用的這套牌，它的宮廷牌設計的背後思維理路。

對牌卡設計者來說，宮廷牌有時是真的非常棘手，因此通常人們會把重點放在大阿爾克那牌。大牌似乎是最容易引發想像力的，有很多新的套牌，其靈感都是來自重新建構大牌的概念。而實際上，提供大量新鮮創意的卻是宮廷牌——放眼看看，在現代套牌中，各種不同系統的宮廷牌真的多到數不清。在這一章，我們會提供一些新鮮的想法，告訴你該如何設計出一套自己專屬的塔羅牌。

宮廷牌的靈感通常在設計之初就會出現。很可能你的腦海裡經常會出現一張牌。這張牌的圖案非常清晰浮現在你腦中。或是，你偶然在某個地方看到某個人的畫面（比如一位名人、小說或電影角色等），你覺得那個畫面非常適合變成一張塔羅牌。這些都是很棒的靈感來源，請把它們記錄在你的筆記或套牌設計本上，這很重要。舉例來說，如果你想要設計一套《哈利波特》或《魔戒》塔羅牌，那麼你的宮廷牌會是哪些角色？

塔羅之所以能夠成為一種內容豐富的占卜系統，原因之一就在於它的一個內部結構——事實上，是很多個內部結構。沒有任何一張牌是單獨存在的，每一張牌都跟其他牌緊緊相連，形成一張關係密切的網。例如，聖杯騎士會跟其他騎士牌共同擁有某些東西，也會跟其他聖杯牌擁有某些共同特質。這些連結，在解牌上具有重要價值，而且，一套好的牌卡一定會利用重複的象徵符碼、系統的平行對應，以及牌組之間的差異對比來做設計。如果你看到所有的騎士都騎著馬，或是每一個國王和王后都戴著王冠，就很明顯可以看出它們的平行對應性。如果四匹馬呈現出不同姿勢，那就很明顯可以看出每一個牌組特徵的對比差異。

本章就是要協助你，利用塔羅宮廷牌的某些內部結構，然後將那個結構與你個人對那張牌的想法結合起來，創建出一個既帶有趣味性，又彼此關係緊密相連的宮廷。

在這一章，我們會依循傳統塔羅的基本架構，四個位階等級與四個牌組，這樣的原則來做設計。這並不是要阻止你創新。我們所講的某些內容，依然適用於其他不同基本結構的塔羅設計，要不然，你也可以用其他方式來為你自己的系統找到靈感。

✦ 四元結構與牌組

塔羅牌的基本結構是一個4×4的矩陣，也就是，四個牌組花色乘以四個位階等級。從幾何學來說，四是屬於正方形或菱形的數字：四個角、四個方向、四面牆。四這個數字就是代表秩序與穩定。想想大牌中的第四張牌「皇帝」。人類社會許多跟法律、秩序以及道德有關的詞彙，都是源於這種四方結構的穩定性。例如，英文中的right（正確）這個字是源自拉丁文rectus，意思是「筆直」，原本是指神殿寺廟和其他公共建築打基樁需用到的直角和直線。而確保這些工程運作能夠「正確／correctly」（rectus的另一個衍生詞）的人，就是國王king（拉丁文rex）。這個字根的其他幾個衍生詞也值得注意，比如：高聳直立／erect、直接／direct、一團／regiment、整頓／rectify、統治者／ruler（有兩種含義）、矩形／rectangle、調節／regulate。

正方形的直角就位在兩條垂直線的交叉點上。人類社會幾乎每一種文化，都是以兩條交叉軸線形成東、西、南、北四個基本點來構思地理方位。塔羅的四個牌組的元素對應，就是根據這樣的模型建構出來的，火和水是同一條軸線兩端對立的兩極，土和風則是其交叉軸線兩端對立的兩個極點。我們的祖先也早就發現到相鄰元素間的共同特性，參見下圖：

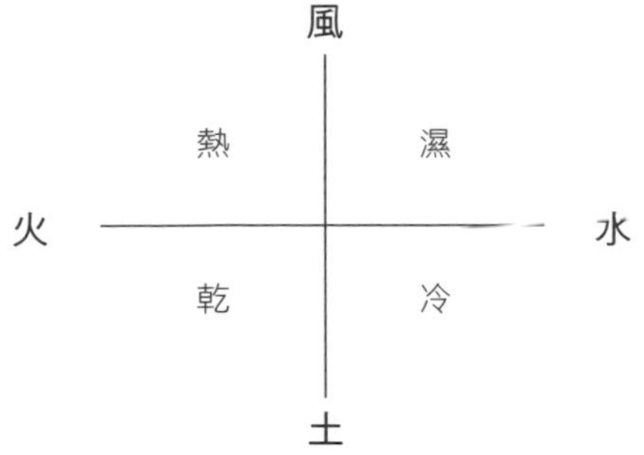

如圖所示，土元素的特性是既冷又乾，火元素特性是熱和乾，以此類推。以這個架構為靈感，就能發想出各式各樣的「四元結構」(quaternities)。請注意看，火和水不具有任何共同特性，因此被視為對立相剋；風和土也是同樣情形。如果你能想到兩組對立的特性，你就可以將這四個特性直接對應到塔羅的四個牌組或位階，或是將它們組合成那些牌組或位階的特徵（例如：「寒冷潮濕」或「成熟陽剛」）。

當我們利用對立相剋的概念來設計塔羅牌時，有幾項事情需要特別注意。我們很容易會陷入正向積極／負向消極這樣的對比，例如：愛與恨、真實與虛假、快樂與悲傷。儘管設計出一套帶有強烈正向或負向關聯之牌組或宮廷位階的塔羅牌，感覺上好像很有趣，但這通常不是我們的第一選項。大多數的塔羅牌，每一張牌其實都同時帶有正面與負面的生命面向在內，要從正面還是負面去解釋，必須看上下脈絡。這使得塔羅的解讀層次更豐富，也提供了更多情感面和哲學面的微妙細節。思考對立特質的一個有效方法是使用反義詞，如同詩人威廉・布萊克（William Blake）所用的方法一樣。對立，就是能夠相互製造出張力的相關聯特質。當我們被一個人吸引，我們會意識到我們需要對方。它們就像陰與陽，互相需要，也互相補足。

舉例來說，假設一個人先設定以真理（truth）和愛（love）這兩個概念來作為基本向度（fundamental dimensions）。我們就可以把這兩個概念看作各帶有兩個極點的兩條軸線。然後我們會認為，「虛假和仇恨」是「真理和愛」的對立面，或者也可以這樣思考：「無知和孤獨」就是「真理和愛」的欠缺狀態。然後我們就得到了四個向度，可以作為一副塔羅牌的四個牌組，名稱分別是：真理、愛、無知、孤獨。或者，我們可以繼續做出四種組合：真理與愛、愛與無知、無知與孤獨、孤獨與真理。你能夠針對這四種組合，各想出一個詞彙嗎？

例如，假設一個人觀察到生命的兩個向度是：「人際關係」與「認知」。在人際關係這條軸線上，我們可能會發現到，「人際關聯／relationship」和「獨自孤立／solitude」這兩個概念存在著互補特性。這兩個詞基本上都是屬於中性的，當然，有人可能比較喜歡其中一項，而不喜歡另一項。對我們大多數人來說，這兩個概念或許存在著相互對立的特性：當其中一項過多時，我們是不是會覺得需要另一項呢？在「認知」這條軸線上，我們不使用「真理」這類負荷過重的詞彙，而是用「論證／reasoning」和「直覺／intuition」來作為互補思維。

這四項特質——人際關聯、獨自孤立、論證、直覺——就形成了四個牌組或四個位階背後非常有趣的核心概念。但是為了要說明如何將這些特性與元素相結合，我們會拿這個例子來做更進一步的演繹。想像一下這四項特性的組合：人際關聯＋論證、論證＋獨自孤立、獨自孤立＋直覺，直覺＋人際關聯。對於這些組合所代表的含義，並沒有唯一正確的答案，不過這裡會用一個例子來說明，讓我們知道如何來思考這四個向度。

- 人際關聯＋論證。這個組合代表在與他人互動時思路清晰。這個元素有一個很適合的關鍵詞叫作「溝通／communication」。
- 論證＋獨自孤立。這個組合可以跟自省、自我分析共同形成一個準確的自我模型。關鍵詞可以用「個人身分／identity」。
- 獨自孤立＋直覺。這個組合讓人想到靜心冥想、觀想以及靈性洞見。可以使用的關鍵詞是「靈視力／vision」。
- 直覺＋人際關聯。對於人際關係的一個整體、直觀取向，展現於外就是心思細膩、理想主義和情緒感受力強。從廣義上來講，可以用「浪漫／romance」這個關鍵詞來代表。

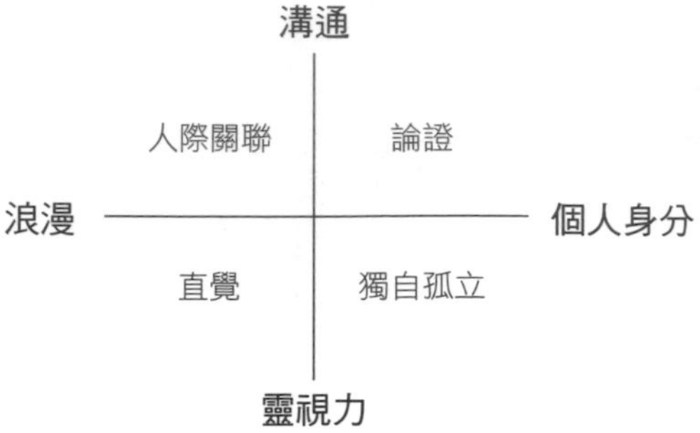

最後，我們也可以幫這些元素各想出一個象徵符號來作為代表。比如，可以用卷軸代表溝通，用蠟燭代表個人身分，用水晶（或水晶球）代表靈視力，用戒指代表浪漫。

✦四元結構練習

在這個練習當中，你可以學習到如何利用具有互補特性的四元結構來創作一套塔羅牌，如我們先前談過的。即使你正在使用傳統的牌組系統，比如權杖／聖杯／寶劍／錢幣，或是已經設計出一套自己原創的牌組系統，你依然可以從這個練習得到樂趣和啟發。也許你可以問自己，你從這個練習所開發出的四項特質，如何跟你已經在使用的牌組做對應。

首先，列出一些你覺得有意義的特質。要有新意一點。可以花個一、兩天時間來讓醞釀。在這一天當中，留意一下，哪些事情帶給你情緒上的強烈衝擊（愉快的或不愉快的都算），然後問自己，你是對這個事件的哪一項特性有所反應。

現在，幫每一項特性寫出它的互補特性或相反特性。然後從這些組合當中選出兩組，做成一個「四元結構」。你可以使用本章末尾提供的宮廷牌設計表（第278頁），在灰色框框裡面填上你的對立組合（像261頁那張元素圖中列出的熱／冷與乾／濕），然後幫每一個特性組合各想出一個關鍵詞，填在空白圖表的黑線上（左、右、上、下各一）。現在，你已經利用最基本的兩項特質及其對立或互補特性，創造出一副塔羅四個牌組的四元結構了。

現在想想，這些新的牌組要如何在塔羅牌中發揮作用。如果你的關鍵字偏向抽象性質（因為它們很可能是抽象的），請幫它想出一個具體物件來作為這個元素的象徵符號。這些也可以成為你這四個牌組的象徵物。

你也可以利用剛剛沒有選到的那些特質，重新做一次這個練習。

保持一顆開放的心，去觀察你的生活中出現的四元結構。你一定會很驚訝，這種由四樣東西組成的結構群，在我們生活中出現的頻率居然這麼高。J・K・羅琳《哈利波特》的霍格華茲魔法學校有四個學院；人類學者安哲莉・亞立恩（Angeles Arrien）在《四重道路》（The Fourfold Way）講了四個薩滿原型；披頭四有四名成員；四部經典福音書；物理學中有四種基本作用力，還有四種「基本食物群」，以上僅舉幾例而已。

✦位階與週期循環

從對立特質之組合所產生的這種四元結構，有一個相當有趣的特性：它也是一種週期循環。只要改變其中一種屬性，我們就能從一種元素移動到跟它相鄰的另一個元素。例如，只要把「乾」這個特性換成「濕」，火就會變成風；把「熱」換成「冷」，風就會變成水。我們可以用這種方式繞著這張圖走，一次改變一種屬性，最後還是會回到原點。

因此，週期循環也是另一種型態的四元結構，因為它可以分成四個階段。最明顯的例子是春、夏、秋、冬四季循環，還有植物的生長階段：種子、發葉、開花、結果。當我們將一個四元結構排成一個正方形或十字交叉軸，很自然就能對應到塔羅的四個牌組，就如我們在上面的練習所做的那樣。但是，當我們用循環現象來思考四元結構，那麼它會比較接近一種「發展進程」的概念，也就是說，它比較容易跟宮廷牌的「位階等級」相關聯（當然，我們還是可以將十字交叉的元素概念應用到位階的分派上。黃金黎明系統就是這樣做的，它將土、水、風和火這四個經典元素同時應用在位階和牌組的分派上）。

很多循環型態都跟生命週期密切相關，也就是生命從出生、成長、繁衍結果、到死亡或腐朽的過程。「腐朽」（Decay）這個詞有很多負面含義，但我們應該提醒自己，它實際上就是一個過程，它從一個循環當中被創造出來，然後又回過頭來餵養下一個新的循環。因此，它其實是一種回饋。整個循環中的這個部分，對我們來說可能不像其他部分那麼明顯可見，我們可能只看到一件事情結束了，而沒看到它是一種回歸與閉合。就像經典童話故事「石匠的六個願望」所演示的，即使是權力位階，也是會循環的。

從前有一個石匠，每天都在山腰上鑿岩石，他很羨慕請他來做工的富人。他希望自己也能變成有錢人，於是仙人就幫他實現了願望。但是變成富人之後，他又討厭太陽，因為熾熱的太陽照在他身上，讓他在每天在監工時熱到受不了。於是仙人又把他變成太陽，但這次他又對烏雲生氣了，因為烏雲會阻擋太陽照耀大地。於是，他又變成了一團烏雲，但烏雲被高山擋住就會變成雨。最後，他變成一座山，但卻發現有個石匠正在鑿掉他身上的石塊！

雖然這個故事是用想像編出來的，但還是可以從中看到層層權力位階的循環。或許，傳統塔羅宮廷牌中的那位國王，搞不好實際上還比較依賴他的僕人（侍者或步兵）呢！

✦ 發展進程練習

首先，決定一個你認為重要的活動領域，或是跟你要設計的這套牌相關的一個重要概念。例如，可能是靈性成長、人際關係或是工作方面。現在，看你是否能在那個活動領域中看到從出生、成長、結果到衰亡（或回饋）的生命週期。請幫這幾個階段取一個恰當的名稱來描述它們。最後，找出一個詞彙來描述跟這四個階段有關的人物（比如：嬰兒、學生、父母親、老人）。這四個名詞是不是可以作為宮廷牌的四個位階？如果看起來太平常了，你也可以再找找看，是否有其他同樣可以代表這些事物的同義標籤，但要多帶點詩意，也可以試著用不同時代或文化的名稱來營造氣氛。從第一個位階到最後一個位階，你能看出這當中的循環連結嗎？還是，中間有出現中斷？

你也可以試著針對幾個不同的活動領域，重複做這個練習，然後從每一個不同領域當中選出最吸引人的位階。思考一下這些不同類型的週期循環與發展進程。有什麼位階名稱可以適用於它們？

如果你想要透過這兩個練習來找出你的牌組和位階名稱，你可以利用本章末尾所附的「宮廷牌設計表」（第278—279頁），或是把它們寫在你的筆記本。現在，試著將牌組和位階整合在一起。顯然，你想出的組合愈多，你就愈有可能找到有趣的組合。

✦ 真實人物

到目前為止，我們處理的都是抽象概念，包括：特質、元素、循環週期、發展進程。不過，如果你的宮廷牌要擁有像大多數塔羅套牌中的宮廷牌所具備的功能（可以用來代表某個人或我們自己內在性格的不同面向），那麼它們就需要具備人類性格特徵，而且這些特徵應該要能夠為形成你系統基礎的那些抽象含義帶來增強效果（包括對你和對其他人都要這樣的效果，如果你有考慮把這個作品公開分享給別人的話）。

真實人物的性格特徵範圍幾乎是沒有極限的，也因此我們每一個人都能明顯與別人做出區隔。性別、年齡、民族或種族類別以及文化背景，這些都是我們從小就知道的區分法。在塔羅套牌中，這些物理特徵通常被用來作為人格特質、角色和關係等這些較為抽象之特質的象徵符號（舉個最簡單的例子，有些套牌就直接將火元素對應紅色頭髮的人）。對於牌卡設計者來說，這往往讓人覺得不是那麼舒服，因為感覺上都帶有強烈刻板印象。有些設計者會避免使用物理特徵來傳遞牌卡含義，而是選擇圖像畫面來傳達某張牌的性格，不需要去考慮年齡、性別或其他屬性。例如，若根據邁爾斯—布里格斯（Myers-Briggs）性格分類指標（詳見第四章）來設計宮廷牌，那應該會很有趣，但如果不使用特定性別或年齡特徵，那我們要如何傳達？

畢竟，塔羅牌是一種視覺和象徵符號的媒介，如果牌面上的視覺圖像是來自大多數人一致共用的象徵語彙，那麼在圖案設計效果上會大大加分。大多數塔羅占卜者都會同意這個概念，例如，小孩子可以象徵純真，但也不會認為純真是現實生活中小孩的專屬特權。性別和種族問題就稍微有點麻煩，但重點和方法是類似的。

另外，把動物用在宮廷牌上，也是一個有趣的選擇。一方面，動物能夠強烈傳達某種性格特質，但使用動物可避免刻板印象的問題（實際上未必如此，只不過，動物不像人類這麼會抱怨自己被人刻板印象化）。這個概念也適用於植物甚至一些非生物，但這會讓許多占卜者很難將它們看作是真實人物或一個人的內在性格面向。有些套牌創作者會使用一些跟人類無關的符號來代表發展階段，以迴避這些難題，然後將個體識別的任務全部交給大阿爾克那牌去承擔。

將塔羅牌視為通向「原型」的窗口，可能會有幫助。所謂的原型（archetype），就是我們內在心靈深處本具有的模式或基本形式，我們對外部世界的經驗，都是通過它來體驗的。圖像本身並不是原型，但它可以向我們揭露潛在的原型。哪些圖像是代表哪些原型，可能會因我們的文化背景和個人經歷而有所不同，儘管有某些原型圖像確實是跨越文化藩籬的。或許對某一、兩個少數人來說，一個憤怒的年輕人騎著一匹馬往前衝，這個圖像可能意謂著代表母親原型的滋養與照顧能量，但對於我們大多數人來說，用這個意象來解釋母親原型反而會是一種障礙。因此，雖然牌卡設計者的這個創意值得稱許，但如果要把一個騎著馬的憤怒青年解釋為慈愛的父母親，那恐怕這副牌的使用者只能透過設計者的文字說明解釋來了解這張牌，而無法透過對於這張圖像的直覺反應來獲得這張牌的訊息，但偏偏這種「對圖像的直覺反應」卻是大多數塔羅占卜者與牌卡連結的主要管道。所以，作為塔羅牌卡設計者，你要使用的圖像應該是：這張圖像可以在非語言的層次與你交談，而不需要你來多加解釋；因為它們很可能也會跟其他人交談。

✦屬性

談完這些注意事項之後，現在我們就要來思考，如何將人物加以分組，來建構出整座宮廷。

性別是一個可以用來構建出一座宮廷的明顯識別特徵。國王和王后的區別，可以追溯到最早期的塔羅牌。十五世紀初的卡里耶魯維斯康提（Cary-Yale Visconti）塔羅牌，就已經將性別的對稱概念延伸到其他位階人物身上，每一個牌組的騎士和侍者都同樣有男性也有女性，因此整個宮廷一共有二十四張牌！雖然，目前似乎沒有任何一副套牌，宮廷牌的某幾個牌組是全部男性，其他牌組是全部女性，但是在《古代伊特拉里亞塔羅牌》這套牌中，聖杯和錢幣牌組確實有女性侍者，而權杖和寶劍牌組的侍者則是男性。

因為性別只有兩種，而不是四種，用性別來作為位階等級的標記也因此帶來了一些饒富趣味的可能性。在較古老的套牌中，王后通常是宮廷牌中唯一的女性。黃金黎明塔羅和托特塔羅，以及從這兩套牌衍生的其他套牌，為了糾正這種性別失衡，開始使用「女性公主」而非「男性侍者」。也因此產生了一個由「男性／女性」及「父母／小孩」這兩類特性建構起來的四元結構組合。這可以被視為兩條平行的進程：「公主—王后」以及「王子—騎士」。

如果你在架構宮廷系統時使用性別作為一種識別特徵，也不妨思考一下性別和位階之間的交互作用，以及你的選擇可能會帶來哪些影響。

第二個可以用來做出明顯特徵區別的是年齡。兩個年齡層可以跟兩個性別結合起來，組成一個具對稱性的位階系統，或者，你也可以直接使用四個不同年齡層來做區分。

年齡和性別是非常有力的屬性組合。它們是人類普遍共有，可適用於每一個人，而且很容易直接連結到我們生命中最重要的人際關係：父母、孩子、愛人、朋友等等。就算你決定不使用這兩種屬性來做宮廷牌的位階區別，你也應該要思考，這兩種特徵屬性可能會以什麼面貌出現。就算你認為它們不是那麼重要，它們還是會受到一定的關注。

你也可以使用帶有文化特色的屬性來區隔宮廷牌。在早期的塔羅牌（其實就是撲克牌）當中，一些簡單的符號細節特徵就足以決定不同的位階等級：國王一定頭戴王冠（而且通常是以坐姿出現），騎士一定騎著馬，侍者或步兵一定是站著，頭上沒有配戴任何頭冠。這些細節在非傳統套牌中也相當明顯。你可能已經決定要將宮廷牌的四個位階命名為「小孩、探索者、治療師、聖者」。有沒有什麼方法，可以讓同一個象徵符號全部適用於四個牌組，同時做出牌組的區別呢？比如說，你可以讓其中一個位階全部都以側臉來呈現，四個牌組都是如此，或是運用服裝上的差異，或是讓他們身邊陪伴的動物都不相同。舉例來說，偉特和史密斯夫人就是用「馬匹的動作作為識別關鍵，來暗示那位騎士的性格特徵」。[1]

✦ 屬性練習

如果你已經幫宮廷牌四個牌組和四個位階都決定好它們的關鍵字詞或概念了，那就可以開始做以下這個練習，來協助你將這些抽象概念轉化成為具體圖像。

將四個牌組在你腦海中逐一想過一遍。不用想得太深，把每一個牌組能夠聯想到的具體物件的圖像，快速記錄在第282頁的牌組設計表上。例如，聖杯牌組可能會讓你聯想到霧氣。然後，幫每一個牌組想出一個對應的顏色、一種身體姿態、一種植物或動物、一種體型，或是其他身體特徵（比如藍色眼珠），還有徽章或紋飾（但是不要跟該牌組本身的象徵符號重複）。你也可以任意添加其他種類的東西，但是只限於你從觀想中看到的具體圖像。不必把浮現你腦中的東西全部都用上，所以，不需要自我審查。只要把你想到的圖像記錄在紙上就好。

現在，針對你的宮廷牌系統的每一個位階來做練習，方法步驟跟上面完全一樣，然後記錄在第279頁的位階設計表上。例如，可以考慮使用不同型態的水（霧氣、小溪、池塘、海洋），來作為聖杯牌組的四個不同位階。

現在，重新回到前面，把特別有感受的對應連結記錄下來——也就是你自己覺得最喜歡的那些概念。也許每一個牌組都讓你聯想到不同的顏色，或是，你看到每一位王后身邊都有貓，但是其他位階人物則跟動物沒有很強的連結。現在可以想一下，如何將這些個人連結放到牌卡設計中（同時要把你在性別和年齡層上所做的選擇放進來）。

---

1 A・E・偉特《塔羅圖像解牌之鑰》（Pictorial Key to the Tarot），第174頁。

✦ 獨一無二的性格

以上這些練習是把重點放在塔羅宮廷牌的4×4結構。不過，十六張宮廷牌每一張牌本身，其實也是各自獨立的不同實體。聖杯侍者並不僅僅是「聖杯」和「侍者」的組合。到目前為止，你可能已經對某幾張牌該以什麼圖像呈現有很強的聯想，而這些圖像聯想都可以被合併起來放在一起。如果有些牌感覺上似乎仍然缺乏它自己的性格，那麼你也可以利用其他資源來汲取靈感。你可以幫每一張牌指派特定星座（或其他性格指標），來充實你的宮廷牌概念。想一想你真實生活中遇到的一些人（或是書籍和電影裡面出現的人物），從他們身上來捕捉這些牌卡的精髓。你也可以考慮幫每一張牌設定不同的角色和職業，然後把這些設定融入到圖像中。正是這種種細節，讓宮廷牌人物變得生動活潑起來，不致變成沒有生命的人。

✦ 該做與不該做的事

所有的規則都可以打破，但是先了解一些事情有助於讓你的宮廷牌更具辨識性也更好用。雖然每個人都有自己最喜歡和最不喜歡的性格，但如果故意要讓某些宮廷牌討人喜歡、另一些討人厭，這樣是錯誤的作法。如果這些人物的獨特個性被定義得很清楚，但在價值觀上保持中立，那麼使用這副牌的人，就能根據各自情況對牌面人物做出不同的反應。這種彈性可以增加這副牌的使用深度和豐富度。

一般來說，一種圖像元素通常只設定給單一牌組／位階，要不然就是全部四個牌組／位階都要有這個圖像元素。比如說，你可以只給其中一個位階人物配上動物，要不然就是每一個位階都要配一種不同的動物，這樣都沒問題。但是，如果只有其中兩、三個位階人物身邊有出現動物，而其他位階沒有，那可能就會讓人覺得有點困惑了。

你絕對不會希望讓宮廷牌跟大牌或數字牌被搞混。因此，要儘量讓牌面圖案上的動作、場景和背景保持簡單明瞭。避免讓每一張牌出現超過一個人物，而且那個人一定要具備這張牌的主要特徵。植物、動物、紋章、裝飾等這些東西，應該只是輔助性的附屬物品，除非它們是用來定義這張牌的主要特徵，比如騎士牌上面的那匹馬就具有這個功能。

宮廷牌設計表：牌組

四元結構：

位階概念和符號				
個人關聯				
顏色				
姿勢				
身體屬性				
動物或 植物				
象徵物或 裝飾品				
其他				
其他				
最後決定屬性區分				

宮廷牌設計表：位階

位階 概念／名稱	性別	年齡	評註

位階概念 和符號				
個人關聯				
顏色				
姿勢				
身體屬性				
動物 或 植物				
象徵物 或 裝飾品				
其他				
其他				
最後決定 屬性區分				

第9章

宮廷牌義解釋

Court Card Interpretations

以下這些牌義，涵蓋了傳統與現代解釋，是從大量廣泛資料中彙編而成的，因此有些會有重複，有些解釋則出現分歧，甚至相互矛盾。某些牌的牌義，有時也適用於跟它相同位階或相同牌組的每一張牌。儘管如此，不同系統的同樣一張牌還是有其一致主題，而且，這些不同的解釋可以提醒我們，每一張牌裡面值得注意的細微差別。傳統含義大部分來自十八和十九世紀的資料，有些可能有點過時。性格特徵和職業的部分，則是參考對應的邁爾斯—布里格斯性格類型指標。

下列牌義內容，應該以一種動態的概念來解讀，在每一次的解牌當中，某張牌可能會讓你產生一般性的感受，但也有可能你會被特定主題或字詞吸引。在眾多牌義當中，可能只會有少數幾種解釋是任何情況都適用的。譬如說，「建議」的部分所寫的，可能最適合的情況是當這張牌出現在「建議」(「接下來我應該做什麼？」)的陣位上，最能符合這個解釋。一般來說，它是建議你要去做該張宮廷人物會做的行動(逆位牌則相反，是建議不要行動)，解釋文的部分則應該當作實例來看。

這些牌義旨在激發你自己的想法。如果你已經完成本書的一些練習，那麼你一定有很多自己的心得資料可以添加進來。你可以註記下來，哪一張牌是對應你生活中的哪些人(寫出人名)，以及對應你自己內在的哪些性格面向。英國作家阿嘉莎．克莉絲蒂（Agatha

Christie）的偵探小說主角馬波爾小姐，是位年長的偵探，她之所以能解開大多數的犯罪案件，就是因為她從陌生人身上看到一些性格類型，跟她所認識的那些村民非常相似。當你在幫別人占卜解牌時，如果你也能用這個方法，看看他們的言行舉止是否跟「某某人」很像，在解牌上也會大有幫助。

上：《羅賓伍德塔羅牌》下：《古代馬賽塔羅牌》

權杖侍者

◆典型角色、面具、次人格

兒童；內在小孩；永恆少年／永恆少女；學生或初學者；使者；媒介；帶來消息的人；變革的催化劑；下屬；奉獻者；吟遊詩人／藝人；陌生人；新認識的人。

◆人格類型與價值觀

熱心；熱情；熱切；精力充沛；熱烈；頑皮淘氣；外向；大膽；魯莽浮躁；光明正向；勇敢；充滿好奇；對新事物感興趣；天真幼稚；能信任別人；坦率；雄心勃勃；敢於冒險；進取；欽佩別人也把別人理想化；坦率；能抓住新的機會。

◆壓力、困難、弱點

壞消息或不完整的消息；自私；被寵壞；不良少年；容易上當；喜怒無常；不可靠；過於魯莽；沒有耐性；過動；容易沮喪或生氣；假裝冷漠；一知半解；追求時尚；喜歡炫耀。

◆職業類型

學生；下屬；學徒；電話銷售；創意工作；實驗；調查；執行新點子；記者；資訊和消息專家；節目主持人；受僱於有影響力的人；郵務員；運動員。

◆事件、情境狀況、活動

未在意料之中之事件；跟創新、能量有關的想法和感受；對未來和潛在可能性的想法或感受；訊息和消息的到來，尤其是不在預期之中的好消息；新出現的可能機會，需要立即採取行動；新的想法或心態；接受教育。

◆建議

對潛能與可能性保持開放心態；去做讓你感到振奮的事情；開始一個新的工作計畫；聽從你的內在衝動；注意聆聽訊息；注意聽孩子說什麼；願意賭一把或敢於冒險；對別人展現你的熱情。

◆傳統牌義

令人開心的好消息；美好的事情；新的合作與點子；了不起；很真誠，但脾氣暴躁；非常精采；不平凡；深色皮膚的年輕人；史無前例；驚喜；對女人獻殷勤；異乎尋常的消息；傳說；奉承；小插曲；未知；年輕男士追求年輕小姐；題外話；故事；持續不間斷；信賴；愉快開心；充滿光彩；為小事競爭；勇氣；可能很年輕，有自私傾向；熱情；美麗；二流的；心滿意足；與一位個性善良但過於魯莽毛躁或樂天的男人談戀愛；容易受到其他更優秀的人影響；好心的陌生人；情人；使節；神童；年輕朋友；合夥人；不太容易被人信賴。

◆傳統逆位牌義

壞消息，例如官司敗訴；前後矛盾不一；優柔寡斷；不穩定；無能為力；不悅；通知；說明指引；警告；建議；軼事；記事；歷史；評論；故事、傳說或寓言；教義；戒律；不忠；江湖騙術；擔心；膚淺；戲劇化；殘忍；不安定；盛氣凌人；公告。

上：《羅賓伍德塔羅牌》下：《古代馬賽塔羅牌》

聖杯侍者

◆典型角色、面具、次人格

兒童；內在小孩；學生；永恆少年／永恆少女；夢想家；藝術家；很好的傾聽者；知己；朋友；年紀很輕的情人；使者，帶來消息的人；變革的催化劑；依賴。

◆人格類型與價值觀

浪漫；愛夢想；富有同情心；敏感；合作；有魅力；具有美學素養；溫和；親切；溫柔；性感；直覺力強；富有想像力；具備心理洞察力；通靈能力；願意服務他人；忠誠；促進和諧；離散；專注力和沉思力；深情；歡欣喜悅；愛慕崇拜；向愛敞開心扉；承擔情感風險。

◆壓力、困難、弱點

情緒脆弱；過於敏感和多愁善感；天真幼稚；逃避衝突；盲從；依賴他人；愛八卦；

占有欲；戀愛分手；故意作對；容易受人影響；浮誇；懶散；容易羨慕別人；愛嫉妒；妖媚；阿諛奉承；諂媚巴結；瘋狂追求一個男孩或女孩；邋遢；情感封閉；冷酷無情；揮霍愛情；愛幻想；拒絕聆聽建議或消息；迷戀新時代的譁眾取寵；陷入幻想；取消邀請；戀愛不順利。

◆職業類型

藝術相關；服務業；服務員；餐飲業；演員；神職工作；諮商輔導；人力開發；人力資源和人事管理；公關；非營利組織；藝術和人文學科教師；木偶表演藝術。

◆事件、情境狀況、活動

跟教育有關之情況；愛情方面的訊息；關於情感問題的想法或感受；提供服務的場合；社交邀請；盛裝出席；改善門面；訂婚、結婚、懷孕或出生有關的消息；成年禮。

◆建議

對愛敞開心扉；接受他人邀請；多點浪漫、詩意和（或）調皮；多關心敏感、善良的小孩；傾聽你的夢想和直覺要告訴你什麼；即使你自認技藝不佳，也可以盡情做藝術創作。

◆傳統牌義

好學；忠誠；無私；很難踏出第一步與人接觸；學習；工作；敬業；心思細膩；心思沉靜；占有；反省；有時會一意孤行；正直；廉潔；勤勉；自尊心強；謹慎；深思熟慮；觀察；初戀的奴隸；願意提供服務；有一位愛說閒話、喜歡惡作劇的知己；被愛情折磨的年輕人；有女人緣，但不太能被信任；有時懶散，一旦被激起也會很勇猛；依戀一個人。

◆傳統逆位牌義

一個軟弱的年輕人；容易受人影響；傾向；嗜好；癖性；吸引力；品味；同情心；風格；感情；愛；依戀執著；妒羨；心痛；嫉妒；自私；魅惑；誘惑；邀請；過度吸引；附和；奉承；阿諛；吹捧；欺騙；一種會導致毀滅的嗜好；詭計；奢侈浪費。

上：《羅賓伍德塔羅牌》下：《古代馬賽塔羅牌》

寶劍侍者

◆典型角色、面具、次人格

兒童；內在小孩（受傷的小孩）；觀察者；永恆少年／永恆少女；讓人感到困惑；邏輯、理性的自我；思想家；說真話的人；專欄作家；受害者；使者，帶來消息的人；變革的催化劑；學生；聖女貞德（女中豪傑）。

◆人格類型與價值觀

機智敏捷；聰明；警覺；靈巧；機警；有辨識力；果斷；尖銳直接；積極；大膽；明眼人；勇敢；心機；好奇心；有見地；超然；細膩；隨性；敏捷俐落；喜歡心理挑戰；堅定；審視自己和他人；冷漠不友善；積累數據和資訊；客觀；常識性思維；紀律嚴明；務實的知識。

◆壓力、困難、弱點

防衛；處於戒備狀態；疑心重；偏執；嚴厲；詭祕；不合邏輯；心懷惡意；報復；狡猾；記仇；狠心無情；沒有目標；尖酸刻薄；語言障礙；乏味無趣；喜歡傷害別人或貶低他人；敵對；精神或身體上的虐待；鋒利；造成延誤；帶有破壞性；惡意或誹謗的傳言；虛弱無力；誤解；自毀傾向；毫無準備；羞愧；喜怒無常；奉承；令人痛苦或不安的消息；輕浮；過度渴望；對抗。

◆職業類型

律師；軍人；外交官；間諜；注重動作的職業：各式運動、棒球、賽車手、飛行員、獵人；警察；產品設計師；情報人員；調解紛爭的專家（故障檢修工）；消防隊員；商業和金融（提供變通和自主權）；危機管理；科技方面的職業：工程師、脊骨療法、醫療技術員、電腦程式設計師；需要特殊技術的行業：機械師、修理工、木匠。

◆事件、情境狀況、活動

跟心理方面有關的想法或感受；新聞，尤其是跟麻煩或危險有關的消息；祕密被洩露；嚴峻考驗；謠言四起；陰謀（包括真實的或想像的）；跟法律方面有關的麻煩；跟理智方面有關的想法或感受；軍事情況；被一位朋友背叛；使用刀、劍或其他鋒利工具；參加考試。

◆建議

嘗試新的想法和技術；識別和使用可利用的工具、資源和機械技能；需要時保持警覺和防衛，做好準備，對新的情況或問題做出快速反應；對好奇心重的小孩保持開放；用需要機智或靈巧的東西挑戰你的思維；保護你的職位或地位。

◆傳統牌義

間諜；被一位朋友背叛；好奇心；監視；夜間潛行和士兵；探測人員；警覺；困難的前置作業；檢查；被迴避的人；推測；清算；懶惰、狡詐的年輕人，很會剝削別人；估算；保密；學識豐富；紀律嚴明的士兵，帶有行刺者個性；學者；管理者；觀察者；演員；行事輕率的人，會窺探你的祕密；智慧；力量；敏銳；細膩；一個不是真心愛你、可能會傷害你的男人，但是幸好交往機會不高；靈巧機敏；私人服務；警覺；計算；留意；情敵。

◆傳統逆位牌義

一個軟弱無力的人；冒名頂替者；缺乏防禦力；生病；一個陰謀；突然襲擊；突然發生；意外；沒有察覺；不可預知；令人驚訝；出人意表；非凡；美好的驚喜；沒有準備就發表言論和行動；警戒；支持；輕浮和滑頭；疾病。

上：《羅賓伍德塔羅牌》下：《古代馬賽塔羅牌》

錢幣侍者

◆典型角色、面具、次人格

兒童；內在小孩；學生／學者；學徒；收藏家；受雇者；永恆少年／永恆少女；使者、帶來新消息的人；門徒；變革的催化劑。

◆人格類型與價值觀

警戒心很重；現實主義者；務實；安心；對某事物著迷；對大自然充滿好奇；堅定不移；任勞任怨；勤奮；專注；小心謹慎；必須親眼見到、親手摸到才會相信；掌控事物；仔細檢查和謹慎考慮；慎重；有愛心；搜集詳細資料、數據、素材；溫暖熱情；好學；對改變、新機會、新技能持開放態度；專心致志；感性；尊重地球。

◆壓力、困難、弱點

學習困難；缺乏興趣；因粗心而犯錯；沒有安全感；覬覦；陷在小細節中；享樂主

義；過於挑剔；過度勞累；心理依戀；憂鬱沮喪；多愁善感；懶散；筋疲力盡；亂丟垃圾；不尊重地球母親；毀損；視力受損；愛賭博；遊手好閒；揮霍；浪費；叛逆；壞消息。

◆職業類型

傭人；教育工作（尤其指小學）；學生；會計；祕書；圖書館員；管理者；檔案保管人；教練；醫療技師；兒童保育員；獸醫；社會工作者；馴獸師；藝人；專案或特別活動的協調者；金融投機者；商業交易或商業談判人員。

◆事件、情境狀況、活動

新消息，尤其是跟商業、計畫以及實體物件有關的的消息；跟有形物質、實體物有關的想法或感受；一個工作機會；新職位；在職訓練；遵循指示；懷孕或分娩；新的專案計畫；貨物和財產的狀況；賺錢機會。

◆建議

如果能達成實際目的，或如果情況能符合明確目標就勇於冒險；要多加關心一位細心、好學的小孩；聆聽你的身體想要告訴你什麼；要有耐心；要認真負責；遵循圖表或說明；珍惜你所擁有的；展開新計畫。

◆傳統牌義

為你工作的黑髮年輕男性；學習；指導；工作；冥想沉思；申請；學校；壞朋友會誤導你走上投機一途；專心致志；學術成就；征服一個會讓她幸福的有錢人；業餘人士；門徒；對金錢方面懷有不正當的野望；反思；占有；經濟；管理；家庭財務狀況；規則；會隨意欺騙女人；一位小孩帶來的消息；反省；利用裙帶關係謀取私利的親戚；命令。

◆傳統逆位牌義

專業人士；仁慈大方；慷慨；奢侈；不必要的浪費；心胸寬闊豪爽；行善；群眾；人群；人數眾多；免職；貶低；損害；破舊；掠奪；耗散；叛逆；帶來壞消息的人；混亂失序；干涉他人事務；小偷；把錢花光光；揮霍無度；豪爽奢侈；浪費。

上：《羅賓伍德塔羅牌》下：《古代馬賽塔羅牌》

權杖騎士

◆典型角色、面具、次人格

冒險家；運動員；企業家；革命家；發明家；追尋者；藝人；啟發者；推動者；流浪漢；有任務在身；一種浪漫嗜好。

◆人格類型與價值觀

瀟灑迷人；革命家；自發；魯莽急躁；衝動浮躁；動能很強；創新；戲劇化；隨興；熱情；歡樂；開放；凡事喜歡起頭，但可能會留下事情沒做完；有魅力；熱心；興奮激動；熱烈；充滿活力；競爭心強；聰明；機智；精力無窮；風趣；愛搞笑；熱切踴躍；前瞻思考；未來導向；激勵人心；興致勃勃；即興；即席。

◆壓力、困難、弱點

計畫未完成；始亂終棄；缺乏自律；傲慢；沒有耐性；厭倦重複的工作和瑣碎之事；

注意力不集中；無法堅持到底；沒有定性；自我中心；無法預測；倉促判斷；任性固執；剛愎自用；扮小丑；誇張虛飾；魯莽；不喜歡老古板；容易過勞；具破壞性；容易生氣激動。

◆職業類型

作家；改革運動參與者；社會服務；演員；營銷和企畫；股票經紀人；商業活動；娛樂；教授人文學科；諮商輔導；販賣創意（而不是實體東西）；競技型運動員。

◆事件、情境狀況、活動

離開；容易衝動又很快失去精力；旅行／長途旅程；鼓舞人心的事情；感情破裂；與人不和；爭吵；改變住處；腦力激盪；體育賽事；戲劇化情節；理想化的「事業」；能量高張的情況；事情發展速度很快。

◆建議

採取行動；分享你對生命的熱情；說出你感受強烈的事情；冒險；允許表露激動情

緒；探索和展露你的原創想法；對某人或某事表現出強烈熱情；做一些大膽的事情。

◆傳統牌義

飛躍狂奔；移動；分離；距離；友好；旅行；長途旅程；變更住所；放棄；遺棄；移民；關係疏遠；缺席；外國；搬遷；躲開；驟然發生；進入未知；兩方對調；轉譯；有進取心，火熱的人；改造變動；分裂；異化；強烈；職位或地位改變；倉促；公正不阿和鄙視不公平之事。

◆傳統逆位牌義

不團結；爭吵；不和；關係破裂；誤解；隔閡；劃開；吵架鬧事；斷聯；糾紛；分割；分手；分離；衝突；爭執；競賽；派系或黨派；廢止；中斷；關係破裂；貸款未償還；意想不到的變化；欠別人錢；殘忍；沒有耐受度；脾氣不好；對女人來說，婚姻可能會受挫。

上：《羅賓伍德塔羅牌》下：《古代馬賽塔羅牌》

聖杯騎士

◆典型角色、面具、次人格

情人；協助者；安慰者；對手；誘惑者；騙子；靈性求道者；浪漫情人；調解人；邀請人；藝術家；音樂愛好者；夢想家；身穿閃亮盔甲的騎士；大眾情人。

◆人格類型與價值觀

深沉的情感；追求和諧；心思敏感；理想主義；專注於夢想和願景；擁有靈通力；有悲憫心；對人有同情心；避免衝突；反求諸己；不果斷；富有創造力和想像力；俠義情懷；心所嚮往或想像的目標；英勇；彬彬有禮；崇拜和愛慕；和藹可親；迷人；善良；溫暖；重感情；為愛而愛；喜歡享樂；細心；殷勤關心。

◆壓力、困難、弱點

掩飾問題；輕浮；不切實際；不注重事實，或想要掩蓋問題；容易受人影響；容易上癮或依賴別人；情感上的不安全感：利用性魅力、討好奉承或媚誘來得到想要的；喜怒無常；雙面人；自私；利用性、毒品或酒精來得到快感或逃避生活中的嚴苛要求與現實；嫉妒；善變；無常；利用玩弄別人感情或引誘別人幻想來行騙；對女人獻殷勤；怠惰；脫離現實；沒有紀律；堂吉訶德（不切實際的狂想家）；癡情迷戀；詭計多端；不誠實；哄騙；老油條；天真幼稚；不切實際。

◆職業類型

藝術家；高等教育者；諮商輔導；宗教、神職人員；媒體傳播業；組織和個人發展；諮商和治療；人力資源規畫師；餐飲業；影視業（創造幻想作品）；非營利機構執行長；教練；人文學科教師（尤其是高等教育）；詐騙犯；公關和廣告；小型企業（以眾人或個人成長為導向）。

◆事件、情境狀況、活動

情緒和心理問題的出現或消失；參觀訪問；受到邀請；求婚；主動提供；靈性、神祕活動與歷程；休閒娛樂；放鬆；假期；靈魂出體和夢境之經驗。

◆建議

出於真心而行動；邀請某人出去度過一個愉快又多情浪漫的夜晚；運用你的想像力和創意、藝術天分或音樂才能；追求你的最高理想；送給情人糖果或鮮花；以親切和同理的態度聆聽需要傾訴的人說話；表達你的感受；勇敢一點。

◆傳統牌義

富有魅力；迷人的情人；邀請；求婚；某人或某事到來；到達；方法；前進；吸引；征服；著陸（抵達）；會晤；接待；歡迎；迎接；接近；和睦；合併或聚合在一起；依從；志同道合；結盟；追隨；聯盟；匯聚；相提並論；相似；某人或某事降臨；愉快的邀約；休閒娛樂；假期；放鬆；感情征服和愛情勝利的概念；敏銳；靈巧；藝術氣息。

◆傳統逆位牌義

詭計；誘惑；欺騙；欺詐；狡詐；表裡不一；作弊；耍流氓；惡行；詭計策略；奸計；用計謀；權詐；設局；神經過敏；獨創性；順從；遵守依從；狡猾；十惡不赦；暴行；背信棄義；誹謗；不老實；濫用別人的信任；邪惡且無情。

上：《羅賓伍德塔羅牌》下：《古代馬賽塔羅牌》

寶劍騎士

◆典型角色、面具、次人格

狂熱；倡導；戰士；優勝者；精英；反叛；不良少年；壞男孩／壞女孩；為反對而反對；競爭對手；問題解決者和修復者；克服障礙；戰略家；憤怒的年輕男性／女性。

◆人格類型與價值觀

能力；勇氣；壞脾氣；憤怒；輕率魯莽；迅速應對；盛氣凌人；強而有力；技巧熟練；細膩；迅速敏捷；對抗與競爭；機巧靈敏；集中力量提出主張；瀟灑迷人；聚焦於單一方向；朝外發展；機智風趣；遠程計畫；分析；心地純淨；渴望完善和改進事物；倉促；坦率直接；思想觀念的交流；承擔責任；勇往直前；從表面理解事物；批判性思考、分析、區辨與衡量；有效率；聰明；鋒利。

◆壓力、困難、弱點

對他人沒有耐性又感覺遲鈍；傲慢；攻擊；剛愎自用；揮霍無度；潦草倉促；過於理性；很少需要別人；具破壞力；粗暴對待別人；沒有人情味；缺乏寬容或慈悲心；挖苦嘲笑；吹毛求疵；諷刺；尖酸刻薄；殘忍無情；自以為無所不知；急性子；思維模糊不清；不耐煩；感覺遲鈍；防衛心過重；嚴厲批評；目光短淺；與人發生衝突。

◆職業類型

軍人；忠實的黨羽；流氓；刺客；戰士；法律服務；行政人員；管理人員；經理；股票經紀人；財務規畫師或投資經紀人；勞動關係；經濟分析師；戰略家；律師；商業或管理顧問；法官；科學或數學老師；電腦工程師；化學工程師；法務人員；媒體人（社論、評論文章、社會評論員）。

◆事件、情境狀況、活動

心理擔憂的出現或消失；英勇的行動；煽動群眾；戰爭；爭論；批判性的評價；設定優先順序；迅速做決策；時間管理；快速有效地執行想法或解決方案；突破障礙。

◆建議

依循客觀標準與合理政策所擬定的具體指導方針；支援危難中的人；掃除障礙；領導改革運動；聲援一項善行事業；照顧和保護能力不如自己的人。

◆傳統牌義

怨恨；敵人；爭議；戰爭；戰鬥；決鬥；英勇行動；狂熱主義；攻擊；防禦；反對；破壞；毀滅；衝動躁進；推翻；堤防受到攻擊或誹謗；仇恨；惡意；執法官員；憤怒；大發雷霆；主要幕僚；技能；勇氣；性情急躁；英勇；滿滿的想法、點子和設計；發怒；倡導者；反叛者；敏捷迅速；粗魯；能力；勇氣；堅定的友誼、敵意牢固；象徵殺戮者（如果鄰近牌有出現跟死亡有關的牌，則可以代表死亡）；輕率；易怒；測試戰士是否英勇；英勇行動。

◆傳統逆位牌義

扒手；騙子；打牌耍老千的人；裝瘋賣傻；輕率魯莽；無能；不稱職；無知；無禮；

放肆；詐騙；勤奮；虛弱；衝動鑄成大錯；愚笨；單純；愚蠢；天真無知；糊塗荒謬；嘲笑；自負；徒勞無功；揮霍無度；靠自己的機智謀生；災難消息；爭執；家庭四分五裂；殘酷；心懷惡意；頑固；不可靠。

上：《羅賓伍德塔羅牌》下：《古代馬賽塔羅牌》

錢幣騎士

◆典型角色、面具、次人格

商人；園藝家；工匠；設計師；觀察者；感官主義者；運動／健康倡導者；熱愛大自然的人；懶惰鬼；雜工；修補匠；堅強又沉默型的人。

◆人格類型與價值觀

占有欲；野心勃勃；有決心；務實；有用處；負責任；可靠；關注「怎麼做」而不是「為什麼」；堅持不懈；沉著冷靜；精明；堅定不移；穩定的；穩如泰山；勤勉；用功；值得信靠；有耐心；憑感覺；保守主義；一般常識；勤奮；注重細節；務實；講求實際知識；深思熟慮和全面徹底；健康身體意識；講求具體現實；功利主義；研究事實、數據、操作方法；物質導向；拘謹矜持。

◆壓力、困難、弱點

失業；怠惰；剝削；頑固；心胸狹隘；懶惰；過度勞累；陷入困境；停滯不前；心懷不滿；擔憂；缺乏想像力；枯燥乏味；缺乏主動性或適應力；沉重單調。

◆職業類型

賭徒；賭場的總管理人；追求有錢女子的男性；剝削婦女的人；醫藥相關；社會工作；祕書／辦公室工作；室內裝飾；警衛；零售商；工匠；機械師；房地產；農業；服務業：空服員、餐廳服務員、飯店或餐廳的接待人員；司機（重型機械、大眾交通工具等）。

◆事件、情境狀況、活動

物質方面問題的出現或消失；幸運場合出現；實際旅行；投資與財務；跟實際觸摸有關工作，尤其是用手或機械；實地考察；實習；身體按摩。

◆建議

老老實實工作；善用你的技能和知識；使用一般常識；努力工作，把一份工作堅持到底；把你最重視的東西投資在能帶來良好回報的東西上；耐心等待；要務實、了解現實。

◆傳統牌義

一個積極、有用或勇敢的人；耐用；有益處；效用；注重自身利益；關心自己；有利可圖；可觀的報酬；有優勢、有好處；獲利；利潤；重要事物；必要事物；有義務；善良仁慈；樂於助人；透過力量、毅力和（或）意志力而獲得成功；野心勃勃；想要迅速取得大量的東西；怠惰；疏忽；值得信賴；智慧；行為欠思考；撙節；秩序；無理由就採取行動；規定；幸運場合；有義務；奇怪的人。

◆傳統逆位牌義

和平；安寧；休息；嗜睡；無精打采；惰性；停滯不前；沒有活動力；懶惰；失業；閒暇；娛樂；玩耍；疏忽；懶散；發懶；平靜；麻木；衰弱；氣餒；撲滅；你會錯過一個機會；鬱滯；輕忽；動物性；物質主義；愚蠢。

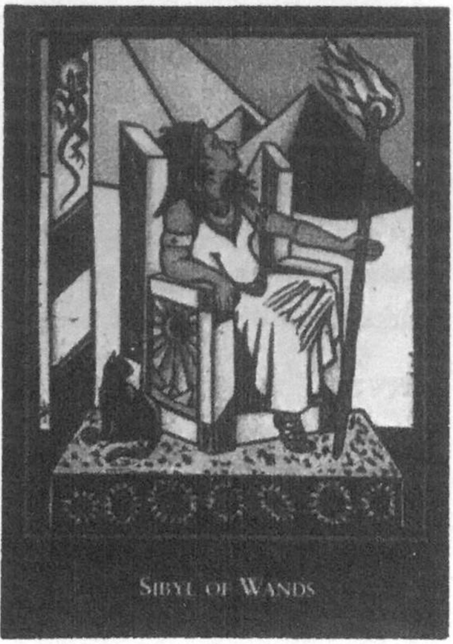

上：《羅賓伍德塔羅牌》下：《古代馬賽塔羅牌》

權杖王后

◆典型角色、面具、次人格

成熟女性；母親；配偶；君主；商場女強人；領導者；主席；贊助人；保護者；專家。

◆人格類型與價值觀

能力很強；很能幹；自主管理；自主；獨立；自信；有獨創性；有願景；標準很高；客觀；關注未來；完美主義者（尤其是對自己的要求很高）；遠見；足智多謀；慷慨；擁有權威；創造力旺盛；熱心；子女眾多且心靈滿足；熱情；動能很強；積極進取；活潑；有尊嚴；富有悲憫心；溫暖；自信；情感熱烈；很有吸引力；直覺力強（相對於通靈而言）；靈視力；喜歡大自然；注重個人發展；擅長自我推銷；果斷；極力保護；戲劇性；樂觀；大膽；有膽量。

◆壓力、困難、弱點

不喜歡受限制；個性倔強；懷疑論者；控制欲；支配；不喜歡重複或瑣碎的工作；容易分心；以自我為中心／認為自己很重要；耐受性低；愛嫉妒；歇斯底里；容易生氣；自豪；頑固；報復心；奸巧；不忠；咄咄逼人；容易壞恨；惡毒。

◆職業類型

商場女強人；科技領域：研究、工程、電腦、系統工程；醫學技術方面；創意方面：寫作、藝術、設計；高等教育和行政管理；組織管理；跟獨立研究和規畫有關的專業；表演藝術家；運動員；雜誌記者和新聞記者；掌理組織；多層次傳銷人員；電視節目主持人。

◆事件、情境狀況、活動

承擔責任；制定新方向；商務或組織會議；個人成長發展；表現熱情；建立人脈；遇到火象星座女性或很有母愛的人；有靈感可達到預期成果。

◆建議

承擔責任；讓自己發光；大膽一點；勇敢表達自己；自主和獨立；讓別人知道你想要什麼；做你最想要做的事。

◆傳統牌義

農婦；伴侶；女性的魅力和優雅；莊園仕女；善良的女人，擁有偉大的品格；有美德；令人尊敬；富有同情心；對於自己不反對的事情相當具理解能力；有愛心；和藹可親；與一位深膚色的女性婚姻美滿；有禮節；甜美可愛；心腸好；貞潔；貪心；放高利貸；勤儉持家；節儉；追求長久關係；有教養；主動積極；有強大吸引力；藝術氣質；愛錢；指揮權；女朋友；統治權很穩固；脾氣來得很快；慷慨；無憂無慮；情緒突然變化；喜歡享樂；保守朋友的祕密；簡樸；提供建議；對身邊的人很好；生意成功；值得尊敬；在敬重、評斷或權威方面，這位女性對提問者有顯著影響力；和善；愛錢；溫文爾雅的女人；溫順溫和；機智；善良大方；有禮貌；提供建言。

◆傳統逆位牌義

好女人；善良；仁慈；善盡義務；樂於助人；益處；恩惠；注重禮節；義務；可能的欺騙；不忠；嫉妒；不穩定；善變；障礙；報復；容易無故突然轉身離去；盛氣凌人；阻礙；用錯善心；奢侈（有時適用於正位）；抗拒；晚年生活愉快；一個善良賢惠的女人，但很固執；苛刻和節儉；立意良善但沒有機會行使。

上：《羅賓伍德塔羅牌》下：《古代馬賽塔羅牌》

◆建議

跟隨你的直覺；推動一個充滿關懷、支持和正向肯定的環境；讓意象流動；珍惜你的夢想；把你的心獻給你愛的人；做白日夢或靜心冥想；要有同情心。

◆傳統牌義

仁慈；一位金髮藍眼女性；看起來高雅端莊；有美德；熱心；可能成為其他女性的競爭對手；謙虛；體面；善良，但不願為他人添太多麻煩；誠實；傑出；敬業；成功人士；容易受其他事情影響；幸福；美德的典範；享樂；性格模棱兩可的女性；嬌媚；浪漫主義；多愁善感；貞潔；美麗迷人的女人；長處優點；可敬；充滿性感魅力、善良又忠誠的女人；敬業；值得尊敬；漂亮；性感。

◆傳統逆位牌義

地位顯赫的女人；賢惠的女人；壞脾氣；不穩定和易變；不誠實；墮落；不謙虛；荒淫；不道德；腐敗；醜聞；放蕩；不節制；搞陰謀；不名譽；地位很高的已婚婦女主動獻

上她的愛；不當行為；一個地位較高的女人，但愛多管閒事，不受信任；事情可以成功，
但也伴隨著一些麻煩；富豪婚姻。

上：《羅賓伍德塔羅牌》下：《古代馬賽塔羅牌》

寶劍王后

◆典型角色、面具、次人格

成熟女性；母親；寡婦；離婚；單親媽媽；被遺棄；知識分子；思想家；作家；研究員；紀律嚴明的人；邪惡的繼母；冰雪皇后（冷酷無情的美女）。

◆人格類型與價值觀

哀怨；嚴厲且超然，具有洞察力；嚴肅；誠實；正直；坦率；嚴苛；保守；不帶感情；無動於衷；冷酷；專注於解決問題；吹毛求疵；具有辨識能力；講求精準；持懷疑態度；靈敏機巧；警覺；敏銳；鋒利；自力更生的自主性和獨立性；獨立思考；公正不阿；比大多數人更善於組織概念和想法；強調邏輯思維；點子很多；心胸開放；重視實力；容易發現事情的缺陷處；制定戰略；指揮；預測問題，提出解決方案；能夠委以重任；過程導向而非成果導向；敏銳的觀察者；揭開別人的面具、防衛和自負；公平公正；平等對待一切；嚴格；重視誠實的溝通；自律。

◆壓力、困難、弱點

愛挑剔；找碴；過分講究正確；貶低別人；要求很高；蔑視；盤問追究；必要時不惜斷絕關係；不屈不撓；支配欲；拘泥於細節的爭論；駁斥不合邏輯的事物；口齒伶俐；容易傷到人；精明冷靜；理論應用可能不切實際；注重細節；藉口托詞；過於複雜和抽象的想法；無法容忍重複；思維盲點；沒有生產力；對他人的情緒不敏銳；報復心；跟人有距離；分離；破壞；懲戒；懲罰；批判性強。

◆職業類型

建築師；電腦程式設計師；研究與開發；系統分析；產品概念化；物理學家；外科醫生；藥劑師；科學家；律師；經濟學家；精神科醫生；考古學家；大學教授（特別是研究學者）；作家；編輯；談判人員。

◆事件、情境狀況、活動

寫作；修改與批評；紀律處分；委派；做出艱難的決定；覺得痛苦的事情；結束、分手、終止關係；遇到風象星座女性或很有母愛的人；一個想法即將成熟結果。

◆建議

要秉持公平公正處理；定義出重要之事，即使可能面臨損失和痛苦也值得冒險；行動之前進行分析並預測問題；應用公平原則；對個人事務誠實以告；維護你的個人自由並對你的意見保持客觀。

◆傳統牌義

守寡；悲傷；哀傷；渴望；缺席；缺乏；貧瘠；貧困；貧窮；不幸；落空；虛空；無法滿足；閒置；無所事事；休眠；空閒；損失；陰謀策劃者；被拋棄的女人；心懷惡念；聖女貞德；雖然殘酷但讓人著迷；難以捉摸；思考迅速；敏銳的洞察力；不孕；服喪；敏銳的觀察力；自信；詛咒；一位女性對手。

◆傳統逆位牌義

一個邪惡、性情惡劣、充滿惡意的女人；壞心腸；心懷惡意；報復心；欺騙；詐騙；欺瞞；詭計；巧計；騙術；騙局；機巧；偏執；假正經；虛偽；不寬容；狂熱分子；殘忍；不誠實；不可靠；心胸狹隘；孤立；不輕易結婚；與人不和；悲喜交雜；過度憂慮。

上：《羅賓伍德塔羅牌》下：《古代馬賽塔羅牌》

錢幣王后

◆典型角色、面具、次人格

成熟女性；母親；配偶；交際花；暴發戶；仕女；商場女強人；經理；服務提供的人；管家；園丁；喜歡動物的人；家庭主婦。

◆人格類型與價值觀

慷慨大方；經濟上和物質上很有保障而且很幸福；自由派；實事求是；好客；很有女人味；感官享樂；務實；能力很強；維護；保存；維持；節儉；培養；守衛；保護；生活舒適、有錢又享有社會聲望；人脈廣闊；四平八穩；對美體和健康營養感興趣；注重穿著；節食；子女眾多；生育能力很強；任勞任怨；有眼光；華麗；多產；面面俱到；有條不紊；全神貫注；有次序；值得信賴；對細節和事實記憶力很好；有組織有系統；行事謹慎；傳統保守；具有環保意識；講話直接、不多廢話；有形產品和服務；完成專案工作和任務；喜歡精確；追求標準；目標明確；對人關懷和照護；照料和照顧；務實節約資源。

◆壓力、困難、弱點

物質主義；困在細節和日常瑣事中；眼光狹隘；老油條；死板；心懷怨恨；不願適應環境；缺乏遠見或視野；執著；占有欲過強；要求別人照他們的方式做事；愛嫉妒；不喜歡創新和冒險；沉悶單調；冷酷地使用物質資源；貪得無厭；無視／否認不愉快的經驗；沒有生產力；因欲求不滿和物質匱乏而感到壓力；頑固；掌控欲；自我放縱；卑鄙；會被認為是理所當然；嚴厲和苛刻。

◆職業類型

農業學家；林業；園丁；畜牧業；實用的工藝美術；餐飲服務；營養師；服裝製造；系統管理師；辦公室工作；稅務員；會計；政府機關雇員；懲教機構人員；銀行工作人員；財政人員；教育家；法律和技術方面的工作；藥師；倉管和配送工作；零售業；室內或景觀設計；療癒者；護理人員；看護；經銷商；房地產經紀人。

◆事件、情境狀況、活動

跟家事有關；熱情好客且關心別人；注重細節的工作；喜歡精緻的東西；周圍環境的感官享受；遇到土象星座，或很有母愛喜歡照顧別人的人；事情看到成果。

◆建議

確保你自己的身體需求得到滿足；用你的廣大人脈來提供穩定的生活，並保障你的生活水準；務實地利用你的時間和資源；應用實際常識；照顧身邊的人；多建立人脈資源；保護你身邊的環境。

◆傳統牌義

深膚色的女人；富有的女繼承人；很嚴厲但很慷慨；交際花；自由派；心胸寬大；安全保障；安心感；經濟自由；富裕；富有；奢華；自信；藝高膽大；有膽識；大膽；坦率；很有錢；社會地位很高；身邊有男人可使喚的浪蕩女人；漂亮；愛八卦；醜聞；有錢而且幸福；穿著時髦；昂貴且稀有的事物；暴發戶；相親，跟一個年輕男人結婚；聰明又才華橫溢的女性，喜歡社交生活、交友廣闊，可能有藝術或文學方面的天分。

◆傳統逆位牌義

身體狀況不佳；一個惡毒多疑的女人；疑心重；不信任別人；不忠；背信棄義；反覆無常；善變；不穩定；與人不和；報復心；惡念；害怕；恐怖；憂心；疾病；膽怯；搖擺不定；猶豫不決；徘徊不定；困惑不解；懸而未決；失職；一位冒險家。

上：《羅賓伍德塔羅牌》下：《古代馬賽塔羅牌》

權杖國王

◆典型角色、面具、次人格

成熟的男子氣概；父親；配偶；智者；導師；英雄；暴君；老闆；統治者；商人；仁慈的獨裁者；領導者；顧問；商議者；企業家；夢想家。

◆人格類型與價值觀

機智；慷慨；專制獨裁；忠誠；可信賴；能幹；力量強大；陽剛；進取；動能很強；多才多藝；靈活敏捷；人脈廣闊；爽快直言；充滿魅力；激勵人心；富有感染力的熱情；親切；熱心；誠實；公平；樂觀；重視創意與創新；要求多樣性；對挑戰和機會持開放態度；善於事先規畫；計畫；未來取向；具備遠見和視野；機動性高；自動自發；精力充沛；願意冒險或下賭注；白手起家；有說服力；能夠激勵他人；充滿自信；願意承擔風險；信念強大；能夠處理複雜情況；目標長遠；志向遠大；以強大意志力統御大眾；交付責任給其他人；競爭心強；能夠看到大局；有膽量；勇敢；受人敬重；受人仰慕；堅守原則。

上：《羅賓伍德塔羅牌》下：《古代馬賽塔羅牌》

聖杯國王

◆典型角色、面具、次人格

成熟的男子氣概；父親；配偶；統治者；家人朋友；牧師或教士；大師；教授；神祕學老師；智者；睿智的長者；暴君；領袖；參事或策士；顧問。

◆人格類型與價值觀

透過直接採取行動和合作來幫助他人；內心平靜；冷靜；敏銳；和藹親切；富有同情心；關懷他人；體貼；有悲憫心；深情；逃避衝突和困難；願意幫助別人；在服務他人時會忽略自己的需要；保護別人；相互依賴；「為個人或公共利益」執行規定；充滿激情；明智；忠於家庭和感情對象；心平氣和；受本能和直覺引導；早已投入感情；隨意改變心情；富有想像力；脾氣很好；平易近人；深不可測；能夠觸動別人的情感。

◆壓力、困難、弱點

對別人的漠視和批評過於敏感;很難對人說不;悲觀;陰沉;不想冒犯別人或讓任何人失望;欺騙;道貌岸然;活在幻想中;念舊;被動抵抗;暴力傾向;自欺欺人;不穩定;容易受到誘惑;表裡不一;忽略自己的需要;不誠實;嚴格掌控他人或隱藏情緒;操縱;說一些對方想聽的話;可能會被別人的痛苦壓垮;用愛作為取得權力手段;暈船;成癮;相互依賴。

◆職業類型

助人專業;健康照護;部會官員;諮商輔導;藝術家;治療與社會服務;看護者;教育(尤其是小學和兒童保育);漁夫或船長;船長;業務人員(尤其是提供個人服務與人際互動的業務);託管;客戶服務;推銷員(尤其是有形商品);美髮師;服務業。

◆事件、情境狀況、活動

關於情感問題的想法或感受;慈善事業;文化活動;處理心理狀態;看治療師、諮商師或牧師；任何與水或海有關的事情；宗教實修方法、藝術傳統，或人際情感連結的設立；心靈和靈魂的僵化或消亡；遇到一位成熟、水象星座的男人或一位父親或老闆。

◆建議

給予別人關懷、指導和支持；承擔社會責任；讓自己被觸動和感動；真心表達你的情緒和感受；以同情和理解的態度傾聽他人意見；在決策中運用直覺。

◆傳統牌義

一位金髮、受人尊敬的人；公平公正；平等；誠實和正直；宗教情操；公平交易；仁慈；負責任；將外交手腕用在宗教圈；支持；情感豐富；貴族氣度；慷慨；情人；生起氣來變得很固執；慈愛；大方；雍容大度；商業頭腦；憑藉直覺智慧，但過於倉促；心地善良；俠義情懷；對他的建議持保留態度；體貼；心胸寬大；一旦激動起來會很熱情；充滿詩意；怠惰；虛偽假裝要幫忙；帶有惡意的判斷；一位親密友人。

◆傳統逆位牌義

商場生意人或辦公室上班族；一個不名譽的人；雙面人；敲詐勒索；挪用公款；接受賄賂；不公正；強盜；小偷；竊賊；流氓；欺騙；騙子；邪惡；腐敗；不公正；醜聞；毀壞；生意上的詐騙；懷疑；懷疑；起疑心；性感；懶惰；不誠實。

上：《羅賓伍德塔羅牌》下：《古代馬賽塔羅牌》

◆事件、情境狀況、活動

關於心理方面問題的想法或感受；試煉；戰鬥；監獄；處理規章制度；決策；制定法律和規範；戰略和計畫；法律事件；過時法令僵化或消失。

◆建議

要運用外交手段；用你的溝通技巧來捍衛真相；明確表達你的立場；檢查事情是否不合邏輯或前後矛盾、不切實際或效率低下；紀律與悲憫心要保持平衡；運用既定的價值觀或規則；利用你的經驗、知識和辨識力做出明智決定。

◆傳統牌義

法官；議員；商人；法學家；訴訟當事人；法學；權勢力量；命令；如果對方反對他，就會變成他的敵人；武力；優勢；權威；可能導致獨裁；不擇手段；勇敢；有熱情但不忠誠；主動積極；一個敵人；在生意上不可靠；凶猛；果斷堅決；技巧高超，但有點霸道；拍馬屁的人；強大有力；雄心勃勃；聰明才智。

◆傳統逆位牌義

邪惡的意圖；危險；一個敵人；邪惡；惡意；惡作劇；心地不好；變態；背信棄義；犯罪；殘酷；不人道；暴行；虐待狂；懊惱；擔心；悲傷；衝突；騷亂；官司敗訴；騙子；恐懼；欺騙；蠻橫獨裁；狡猾詭詐；一個壞人；野蠻；惡意。

上：《羅賓伍德塔羅牌》下：《古代馬賽塔羅牌》

錢幣國王

◆典型角色、面具、次人格

成熟男性氣概；父親；配偶；智者；導師；英雄；暴君；老闆；統治者；商人；金融家；仁慈的獨裁者；領袖；參事；顧問；貴族；發起人。

◆人格類型與價值觀

自給自足；成就（尤其是財務金錢上）；現實；可靠；商業頭腦；利用資源；原因；堅強有力；堅決；安定；明確；認真懇切；有耐心；堅韌頑強；耐力持久；唯物主義；鞏固；保守；基礎穩固；重視財產和有形的東西（尤其在意品質）；忠誠；持久不變的價值觀；守舊；保護；關注安全、品質和價值；好心的供應者；珍惜；追求卓越不凡；鑑定；估價；欣賞；務實；平易近人；喜歡行動勝於對話，有形勝於抽象；喜歡及時行動；幽默；喜歡美酒佳餚；強壯有力；關注細節和事實；霸道；有權有勢；精力充沛；朝氣蓬勃；享受舒適和奢華的生活；性感。

◆壓力、困難、弱點

高利貸；不知變通；容易生氣；無情；粗魯；狠心；頑固；沉重；昏昏欲睡；感覺遲鈍；頂撞；心思不敏感；粗野；粗鄙；粗魯；粗俗；庸俗；粗野；無禮；俗氣；占有欲；嫉妒心強；缺乏遠見和視野；吝嗇；不寬容；教條；不信任別人；自以為高人一等；享樂主義者；好色；貪得無厭。

◆職業類型

金融家、銀行家；交易員、股票經紀人（商品）；會計師；數學家；投機商；投資；汽車銷售員；債權人；古董商；商人；推銷員；房地產經紀人；製片人；醫生；公務員；警察、消防員、護理人員或偵探；治療師；保險經紀人；藝人；訓練師或教練；商品交易；木匠、農民或一般生意；新聞播音員；承包商；廚師；批發商；葡萄酒、皮革、香水或精品；土地開發商。

◆事件、情境狀況、活動

對物質事物的想法或感受；身體和健康方面；財務問題；財產；銷售和開發；守住財富和價值觀；保守；工藝和技能；血統或生活方式的僵化或消逝；維護；遇到一位成熟、務實的男人或一位父親或老闆。

◆建議

注意事實和細節；為你的工作提供堅實的基礎；守住你的談判底線；為了品質和可信度而花費金錢和精力；鞏固和保存資源；穩紮穩打，可靠的進展；物質和感官享受。

◆傳統牌義

一個黑髮男人；在體能、數學和科學領域均非常有能力；貨物商品；投機者；忠誠；可能傷害你的人；暴發戶；易怒但也很快息怒；勝利；英勇；勇氣十足；成功；經濟實力；費盡力氣；預知能力；傑出；值得尊敬；功成名就；在物質方面很聰明且有耐心；對藝術、純文學等具有良好品味的人；才華出眾。

◆傳統逆位牌義

邪惡；貪婪；有所匱乏或不足；拖欠；軟弱；虛弱；不完美；腐敗；形狀有缺陷；畸形；本質上有缺陷；紊亂；醜陋；不守規矩；任性；齷齪；一個又老又惡毒的男人；危險人士；不忠；輕率和欺騙；懷疑；恐懼；冒險；險境；絕望使他變得無情；死對頭或善妒的情人。

附錄 A

宮廷牌對應表

這張表是假設王后的配偶是火元素，侍者的伴侶是風元素。但實際情況未必都是如此。你可以根據自己手上套牌的宮廷牌，來修正位階等級的指派。有關黃金黎明／托特與傳統套牌之間關係的更完整解釋，請參見注釋中的說明。

＊黃金黎明牌（GD）和托特牌（克勞利）的宮廷牌永遠無法與傳統偉特史密斯塔羅牌完全一致對應，尤其從元素上去思考更是明顯。因此，任何像左頁這樣的圖表其實都會有瑕疵，而且很難完全同時滿足這兩個系統。黃金黎明是將宮廷牌與四字聖名（代表上帝之名的四個字母，未說出的名字，希伯來語稱為 Yod-He-Vau-He）相關聯，對應到元素及發展過程就是：

Yod／火＝激發的能量

He／水＝對此能量的回應與支持

Vau／風＝淬煉此能量

最後的 He／土＝能量的具體物質化

附錄 A：宮廷牌對應表

	國王 （黃金黎明 騎士*）	王后	寶劍 （黃金黎明 王子*）	侍者 （黃金黎明 公主*）
元素	該元素中之火	該元素中之水	該元素中之風	該元素中之土
元素特徵	意志	情感	理智	肉體／感官
黃金黎明之描述	潛在的力量： 強大的動能；迅速而猛烈，很快就消逝	孵育之力： 穩固、不動搖、持久（保護力）	行動中的力量： 除非由父親和母親啟動，否則只是幻覺	接受和傳輸的力量： 暴力；永恆的；物質的
黃金黎明之解釋	事物的升起或消逝、到達或離開，根據他們的臉所朝的方向	與該主題相關的實際女性人物	與該主題相關的實際男性人物	與主題一致或相反的想法、感受、意見、以及概念
四字聖名	Yod：激發能量	He：對 Yod 能量的回應與支持	Vau：淬煉 Yod 能量	最後的 He：Yod 能量的具體物質化
塔特瓦與幾何圖案	Tejas 火／ 大紅色三角形	Apas 水／ 銀灰色新月形	Vayu 風／ 天藍色圓形	Prithivi 土／ 金黃色正方形
社會領域（傑柏林）	政府	宗教	歷史與民族特色	藝術與科學
婚姻狀況	成熟、已婚男性或長者	成熟、已婚女性或長者	年輕未婚男性 （或獨立女性）	兒童；年輕、 未婚女性
事業地位	大師（外部的、公眾的）；決策者	大師（內在的、人際之間）；維護者	工匠；探索者	學生；學徒； 僕役；服從者
功能作用	指導；權威	支持；基礎	旅行；離開；改變住處	消息；探究
社會功能	父親；配偶	母親；配偶	冒險家	傳訊者；使者
服務行為	管理者；保護者	養育者；照顧者	行動；移動	變革的催化者

	國王（黃金黎明 騎士*）	王后	寶劍（黃金黎明 王子*）	侍者（黃金黎明 公主*）
行事作風	指導；命令；能幹；管理；控制；成熟；完成目標	有魅力；有吸引力；有能力；管理；控制；安全保護；管道；扶植	活躍；積極進取；豪爽任性；目標或任務取向；俠義精神；護花使者	願意冒險；心胸開放；天真無邪；尚未成熟；脆弱；易感；執勤；依賴
發展階段	一成不變；停滯；或過時的想法；結果	虔誠奉獻與關懷他人的想法；動機	革命性的想法；顛覆過去	新奇的想法；可能性
發展功能	終結；完成；放手；釋放過去；結束	成熟度；能力；成就感；權威；技能；理解力	專注；強烈；參與；專心致志	冒險；（再次）承諾；信念；出發
卡巴拉四世界	原型界（Atziluth）：創造的驅力；想要成為某件事物；選定方向	創造界（Briah）：概念；播種；選定方向後踏出第一步	形塑界（Yetzirah）：成形；確定形式；形狀已知；行動	行動界（Assiah）：顯化實現；收成；結束或完成一段旅程
輝耀	侯克瑪	庇納	悌孚瑞特	瑪互特
自性的面相	精神	靈魂／心	個人能量／心智頭腦	身體
功能作用（Activity）	成功；成就；伸張正義與確保和平	感受敏銳；內省；作為一種化身管道以確保永續存在	勇敢迎戰；勝利；速度與力量	自滿；謹慎小心；一位知己
逆位牌義	過於氣勢凌人或沉默寡言；無能為力；傲慢；聽不進別人說的話	焦慮；過度內向；依賴他人；無生產力	危險在即；固執；無故反抗；不忠	親子相處困難；害怕；封閉；沉默；受到傷害；發洩情緒；發脾氣

	國王（黃金黎明 騎士*）	王后	寶劍（黃金黎明 王子*）	侍者（黃金黎明 公主*）
小阿爾克那數字	十四	十三	十二	十一
適合時機	果斷做出決定並採取外部行動的時刻	內在反省的時刻	快速發展和變革的時刻；有點不穩定	時機尚未成熟，所以慢慢來不用急。耐心、謹慎、搜集資料／先詳細考慮
牌卡標題	族長（Malik, Chief, Patriarch），國王（Re, Roi, Lord），大師（Master），父親（Father），守護者（Guardian），男人（Man），聖者（Sage），解決（Resolving），說話者（Speaker），男祭司（Houngan），模範（Exemplar），薩滿（Shaman），同伴（Companion）	女王（Regina，Reina），夫人（Dame，Lady），女族長（Matriarch），女主人（Mistress），女神（Goddess），母親（Mother），嚮導（Guide），女人（Woman），女先知（Sibyl），愛人（Lover），創造（Creating），禮物（Gift），女祭司（Mambo，Priestess），莊稼小屋（HarvestLodge）	丞相（Na'ib），騎士（Cavaliere，Cavalier, Caballo），王子（Prince），導師（Mentor），戰士（Warrior），兒子（Son），兄弟（Brother），追尋者（Seeker），天使（Angel），男人（Man），舞者（Dancer），覺醒（Awakening），認識者（Knower），持劍者（LaPlace），圖騰（Totem），女戰士（Amazon）	副丞相（ThaniNa'ib），步兵（Fante），隨從（Valet，Sota），侍者（Servant），小孩（Child），女兒（Daughter），公主（Princess），元素（Elemental），少女（Maiden），學徒（Novice），追尋者（Seeker），姊妹（Sister），幻想家（Seer），詩人（Muse），天真（Innocence），場所（Place），教徒（Hounsis），學徒（Apprentice），淑女（Lady），女人（Woman）

如果要符合這個情況，首先需要一張最有活力、最活躍和最有力量的宮廷牌，而且要得到下一張牌的支持——因此騎士就被提升到 Yod 或國王的位置，作為王后（He）的配偶。為了讓男性和女性保持平衡，另外兩張宮廷牌就變成了騎士（國王）和王后的兒子和女兒，也就是王子和公主。王子是正在接受培養訓練的國王（也稱為皇帝）。黃金黎明的成員受到指示，要在他們創作的歐洲大陸套牌使用這些新頭銜，將騎士改為國王，將國王改為王子。我們在本書中的解決方法是，將王后的配偶永遠認定是火元素——不過，有一個系統更能精確表達黃金黎明的意圖，如下表所示：

	Yod／火	He／水	Vau／風	最後的 He／土
黃金黎明牌	國王	王后	王子／皇帝	公主／皇后
托特牌	騎士	王后	王子	公主
傳統（偉特史密斯牌）	騎士	王后	國王	侍者

附錄 B

邁爾斯－布里格斯
宮廷牌對照表

以下這張表列出了我們在第四章（第109頁）中提到的，宮廷牌和邁爾斯—布里格斯性格類型（MBTI）的三個對應系統。

	瑪莉．K．格瑞爾	嘉娜．萊利	琳達．蓋爾．沃爾特斯
權杖侍者	INFJ：自由的靈魂（人群導向）	INFJ：自由的靈魂	INTP：發起者／建築師
聖杯侍者	ENFJ：情人（想像力豐富的協調者）	INFP：夢想家	INFP：夢想家
寶劍侍者	ISTP：專家教授（務實的分析者）	INTP：發起者	ISTP：專家教授
錢幣侍者	ISFJ：建造者（現實的遷就者）	ISFJ：學習者	ISFP：傾聽者／藝術家
權杖騎士	ENFP：無憂無慮的靈魂（熱情的變革計畫者）	ENFP：無憂無慮的靈魂	ENTP：履行者／發明家
聖杯騎士	INFP：夢想家／追尋者（富有想像力的協助者）	ENFJ：情人	ENFP：無憂無慮的靈魂
寶劍騎士	ENTJ：思想家或陸軍元帥（直覺力強的組織者）	ENTJ：思想家	ESTP：溝通者／管理者
錢幣騎士	ESFJ：學習者／保護者（具有同理心的監護人）	ESFP：建造者	ESFP：建造者

	瑪莉・K・格瑞爾	嘉娜・萊利	琳達・蓋爾・沃爾特斯
權杖王后	INTJ：先知先見者（思想觀念的關鍵創新者）	INTJ：先知先見者	INTJ：先知先見者
聖杯王后	ISFP：傾聽者／藝術家（細心又忠誠的幫手）	ISFP：傾聽者	INFJ：自由的靈魂
寶劍王后	INTP：發起者／建築師（好奇心很強的分析師）	ISTP：專家教授	ISTJ：提供者／受託人
錢幣王后	ISTJ：提供者／受託人（善於分析的經理人）	ISTJ：提供者	ISFJ：建設者
權杖國王	ENTP：履行者／發明家（變革的分析規畫者）	ENTP：履行者	ENTJ：思想家或元帥
聖杯國王	ESFJ：討好者／推銷員（務實的協調者）	ESFJ：討好者	ENFJ：愛人者
寶劍國王	ESTJ：溝通者／管理者（實事求是的組織者）	ESTJ：溝通者	ESTJ：溝通者
錢幣國王	ESTP：生產者／推動者（重視物質的現實遷就者）	ESTP：生產者	ESFJ：學習者／保護者

附錄C

黃金黎明
宮廷牌對應

權杖國王（托特之騎士）

標題：火焰與閃電之王，火精靈國王

元素和塔特瓦：火中之火，Tejas 中之 Tejas（意志修正意志）

星座和屬性：變動火，射手座

輝耀與卡巴拉世界：侯克瑪在原型界

對應卡牌：選擇統治支配（權杖二）

區間和日期：天蠍座20度到射手座20度，11月13日—12月12日

區間守護星、對應卡牌與含義：

金星在天蠍座（聖杯七，虛幻的成功）

水星在射手座（權杖八，迅速敏捷）

月亮在射手座（權杖九，巨大力量）

聖杯國王（托特之騎士）

標題：波浪與海水之王，滄海萬軍國王

元素和塔特瓦：水中之火，Apas 中之 Tejas

（意志修正情感）

星座和屬性：變動水，雙魚座

輝耀與卡巴拉世界：侯克瑪在創造界

對應卡牌：選擇愛（聖杯二）

區間和日期：水瓶座20度到雙魚座20度，

2月9日—3月10日

區間守護星、對應卡牌與含義：

月亮在水瓶座（寶劍七，不穩定的付出）

土星在雙魚座（聖杯八，放棄成就）

木星在雙魚座（聖杯九，物質的幸福順遂）

寶劍國王（托特之騎士）

標題：強風與微風之王，風精靈國王

元素和塔特瓦：風中之火，Vayu 中之 Tejas
（意志修正理智）

星座和屬性：變動風，雙子座

輝耀與卡巴拉世界：侯克瑪在形塑界

對應卡牌：選擇和平復原（寶劍二）

區間和日期：金牛座20度到雙子座20度，
5月11日—6月10日

區間守護星、對應卡牌與含義：

土星在金牛座（錢幣七，成果未實現）

木星在雙子座（寶劍八，力量被削減）

火星在雙子座（寶劍九，絕望和壓迫）

錢幣國王（托特之騎士）

標題：廣闊肥沃土地之王，土精靈國王

元素和塔特瓦：土中之火，Prithivi 中之 Tejas（意志修正肉體感官）

星座和屬性：變動土，處女座

輝耀與卡巴拉世界：侯克瑪在行動界

對應卡牌：選擇諧和的變革（錢幣二）

區間和日期：獅子座20度到處女座20度，8月12日—9月11日

區間守護星、對應卡牌與含義：

火星在獅子座（權杖七，勇氣）

太陽在處女座（錢幣八，謹慎）

金星在處女座（錢幣九，物質收益）

權杖王后

標題：火寶座王后

元素和塔特瓦：火中之水，Tejas 中之 Apas（情感修正意志）

星座和屬性：基本火，牡羊座

輝耀與卡巴拉世界：庇納在原型界

對應卡牌：使既定力量成形——美德善行（權杖三）

區間和日期：雙魚座20度到牡羊座20度，3月11日—4月10日

區間守護星、對應卡牌與含義：

火星在雙魚座（聖杯十，永恆的成就）

火星在牡羊座（權杖二，支配）

太陽在牡羊座（權杖三，既定力量）

聖杯王后

標題：水寶座王后

元素和塔特瓦：水中之水，Apas 中之 Apas

（情感修正情感）

星座和屬性：基本水，巨蟹座

輝耀與卡巴拉世界：庇納在創造界

對應卡牌：使豐盛成形（聖杯三）

區間和日期：雙子座20度到巨蟹座20度，

6月11日—7月11日

區間守護星、對應卡牌與含義：

太陽在雙子座（寶劍十，毀滅）

金星在巨蟹座（聖杯二，愛情）

水星在巨蟹座（聖杯三，豐盛）

寶劍王后

標題：風寶座王后

元素和塔特瓦：風中之水，Vayu 中之 Apas
（情感修正理智）

星座和屬性：基本風，天秤座

輝耀與卡巴拉世界：庇納在形塑界

對應卡牌：使悲傷成形（寶劍三）

區間和日期：處女座20度到天秤座20度，
9月12日—10月12日

區間守護星、對應卡牌與含義：

水星在處女座（錢幣十，財富）

月亮在天秤座（寶劍二，和平復原）

土星在天秤座（寶劍三，悲傷）

錢幣王后

標題：土寶座王后

元素和塔特瓦：土中之水，Prithivi中之Apas

（情感修正肉體感官）

星座和屬性：基本土，摩羯座

輝耀與卡巴拉世界：庇納在行動界

對應卡牌：使物質事工成形（錢幣三）

區間和日期：射手座20度到摩羯座20度，

12月13日—1月9日

區間守護星、對應卡牌與含義：

土星在射手座（權杖十，壓迫）

木星在摩羯座（錢幣二，諧和的變革）

火星在摩羯座（錢幣三，物質事工）

權杖騎士（托特之王子）

標題：火戰車王子

元素和塔特瓦：火中之風，Tejas 中之 Vayu

（理智修正意志）

星座和屬性：固定火，獅子座

輝耀與卡巴拉世界：悌孚瑞特在原型界

對應卡牌：勝利後之追尋（權杖六）

區間和日期：巨蟹座20度到獅子座20度，

7月12日—8月11日

區間守護星、對應卡牌與含義：

月亮在巨蟹座（聖杯四，調和的歡愉）

土星在獅子座（權杖五，衝突）

木星在獅子座（權杖六，勝利）

聖杯騎士（托特之王子）

標題：水戰車王子

元素和塔特瓦：水中之風，Apas 中之 Vayu
（理智修正意志）

星座和屬性：固定水，天蠍座

輝耀與卡巴拉世界：悌孚瑞特在創造界

對應卡牌：歡愉後之追尋（聖杯六）

區間和日期：天秤座20度到天蠍座20度，
10月12日—11月12日

區間守護星、對應卡牌與含義：

木星在天秤座（寶劍四，遠離紛爭）

火星在天蠍座（聖杯五，迷失在歡愉中）

太陽在天蠍座（聖杯六，歡愉）

寶劍騎士（托特之王子）

標題：風戰車王子

元素和塔特瓦：風中之風，Vayu 中之 Vayu

（理智修正意志）

星座和屬性：固定風，水瓶座

輝耀與卡巴拉世界：悌孚瑞特在形塑界

對應卡牌：贏得成就後之追尋（寶劍六）

區間和日期：摩羯座20度到水瓶座20度，10月12日—11月12日

區間守護星、對應卡牌與含義：

太陽在摩羯座（錢幣四，俗世權力）

金星在水瓶座（寶劍五，失敗）

水星在水瓶座（寶劍六，贏得的成就）

錢幣騎士（托特之王子）

標題：土戰車王子

元素和塔特瓦：土中之風，Prithivi 中之 Vayu

（理智修正肉體感官）

星座和屬性：固定土，金牛座

輝耀與卡巴拉世界：悌孚瑞特在行動界

對應卡牌：物質成就後之追尋（錢幣六）

區間和日期：牡羊座20度到金牛座20度，

4月11日—5月10日

區間守護星、對應卡牌與含義：

金星在牡羊座（權杖四，完美的成果）

水星在金牛座（錢幣五，物質上的困難）

月亮在金牛座（錢幣六，物質上的成就）

權杖侍者（托特之公主）

標題：閃亮火焰公主，火宮殿之玫瑰

元素和塔特瓦：火中之土，Tejas 中之 Prithivi

（肉體感官修正意志）

輝耀與卡巴拉世界：瑪互特在原型界

對應卡牌：生出壓迫（權杖十）

星座屬性：主宰黃道十二宮的第二象限：

巨蟹座、獅子座、處女座

對應小阿爾克那牌：是權杖王牌的權力寶座

聖杯侍者（托特之公主）

標題：水與蓮花公主

元素和塔特瓦：水中之土，Apas 中之 Prithivi
（肉體感官修正情感）

輝耀與卡巴拉世界：瑪互特在創造界

對應卡牌：生出永恆的成就（飽足）（聖杯十）

星座屬性：主宰黃道十二宮的第三象限：
天秤座、天蠍座、射手座

對應小阿爾克那牌：是聖杯王牌的權力寶座

寶劍侍者（托特之公主）

標題：疾風公主，風宮殿之蓮花

元素和塔特瓦：風中之土，Vayu 中之 Prithivi

（肉體感官修正理智）

輝耀與卡巴拉世界：瑪互特在形塑界

對應卡牌：生出毀滅（寶劍十）

星座屬性：主宰黃道十二宮的第四象限：

摩羯座、水瓶座、雙魚座

對應小阿爾克那牌：是寶劍王牌的權力寶座

錢幣侍者（托特之公主）

標題：回聲山丘公主，土宮殿之玫瑰

元素和塔特瓦：土中之土，Prithivi 中之 Prithivi

（肉體感官修正肉體感官）

輝耀與卡巴拉世界：瑪互特在行動界

對應卡牌：生出財富（錢幣十）

星座屬性：主宰黃道十二宮的第一象限：

牡羊座、金牛座、雙子座

對應小阿爾克那牌：是錢幣王牌的權力寶座

附錄 D

重要名詞解釋

親和關係（AFFINITIES）——黃金黎明系統使用的術語，跟「對應關係」（correspondences）屬於同義詞，意指不同事物或概念之間存在著相似特性和相互吸引的力量。

阿尼瑪／阿尼姆斯（ANIMA / ANIMUS）——心理學家卡爾．榮格使用的術語，分別意指男性個體潛意識（無意識）或心中隱藏的女性形象，以及女性個體潛意識中隱藏的男性形象。其基本功能是帶來啟發。

原型（ARCHETYPE）——從遠古以來留存在人類心靈中的直覺本能模式，在神話、童話故事、夢境、幻想、藝術作品中都可看見其身影，而且深深影響著我們的心理狀態。這些集體思維模式是與生俱來的，而且會代代相傳。

外衣牌（COAT CARDS）——宮廷牌的別稱。

集體潛意識（COLLECTIVE UNCONSCIOUS）——心理學家榮格的專用術語，意指每一個人內在的潛意識（無意識）面向皆具有群體的普遍性、共通性，非僅屬於個人。

對應關係（CORRESPONDENCES）——塔羅的每一張牌與其他實體存有或抽象概念之間的相互關聯性，例如：四大元素、十二星座或卡巴拉的十輝耀（sephiroth）等。目前使用的對應系統有很多種，有些系統具有悠遠的歷史，但沒有一種對應系統可以聲稱自己是唯一正確。

宮廷牌（COURT CARDS）——小阿爾克那牌當中屬於非數字牌的部分，通常是用人物來表現（比如國王、王后、騎士和侍者）。

區間（DECAN）——十二星座的十度分割區間，又稱十分度、旬。黃金黎明學派將占星學上的三十六個分度區間分別指派給塔羅的三十六張數字牌（一號王牌除外），然後每一張宮廷牌分配到三個區間，其中一個區間橫跨了另一個星座。

質性權重／屬性（DIGNITY／DIGNIFIED）——意指一張牌（或牌陣）所擁有的元素質性（特質、屬性）之比重或含義值的高低，牌陣中某個元素出現的張數會決定該元素特質是否得到增強（參見「元素質性／elemental dignities」）。

元素（ELEMENT[S]）——現代化學興起之前，西方文化認為自然界是由火、水、風、土這四種基本元素（或成分）所組成。萬物都是由這四種元素組成的，只是組合的方式不同。塔羅牌小阿爾克那（小祕儀）的四個牌組花色經常會跟這四個元素相對應，儘管對應方式不一定絕對相同。

元素質性／元素權重（ELEMENTAL DIGNITIES）——解讀占卜牌陣的一種方法，是運用元素（和牌組）之間的對應關係來確認牌與牌之間是相互增強或削弱。

人頭牌（FACE CARDS）——宮廷牌的另一個別稱。

牌面朝上／牌面朝下（FACEUP／FACEDOWN）——牌面朝上的意思是，你可以看到塔羅牌面上的圖案（通常這代表你為了某個特定原因有意識地選擇一張牌）。牌面朝下通常用在洗牌和發牌時——你只能看到牌背，直到翻過來變成牌面朝上，你才會知道它是哪一張牌。

扇形（FAN）——占卜時用來抽牌的一種方法。先將整副牌疊成一落，牌面朝下，放在一個大平面上，然後用單手將整副牌以拱形曲線刷開成扇子的形狀，讓每一張牌都露出一角。抽牌時，將你的手放在這個扇形上方慢慢移動，把你覺得有感應、有吸引力的牌抽出來。

黃金黎明（GOLDEN DAWN）——黃金黎明赫密士派修會是一個從西元1888年開始活躍於英格蘭的神祕會社，並以各種形式延續至今。這個組織對塔羅所提出的學說，主導了英語世界人士對於塔羅牌義的解釋。該組織的兩名重要成員A·E·偉特和艾利斯特·克勞利（Aleister Crowley）設計的兩副塔羅牌與撰寫的書籍，對塔羅界帶來了深遠影響。

國王（KING）——傳統塔羅套牌的其中一張宮廷牌，是位階最高的宮廷人物。

侍從／男僕（KNAVE）——撲克牌中位階最低的宮廷人物英文名稱，現在一般稱為「傑克

／Jack」。這個名稱有時也用來指稱塔羅的「侍者牌」，意思是「男侍從」，不過這個詞也帶有貶義，意指下層階級和聲名不佳的人。

馬賽塔羅（MARSEILLES TAROT／TAROT DE MARSEILLE）——木刻畫風的塔羅套牌，早在十七世紀就開始使用，後來成為法國和歐洲某些地區的標準占卜套牌。由於歷史悠久且廣受歡迎，有時也被稱為「傳統」塔羅牌，因此容易跟其他塔羅套牌混淆（參見「傳統／traditional」）。

大阿爾克那（MAJOR ARCANA）——塔羅牌的「特殊」象徵符號牌（通常有二十二張），包括「魔術師」、「節制」等牌，不屬於任何一個牌組。

面具（MASK）——將一部分或全部的真正性格隱藏起來，刻意呈現於外的表面性格。我們對於自己的面具通常無法察覺，因而不自覺地選擇表現出那些面貌。

小阿爾克那（MINOR ARCANA）——塔羅的「花色牌」部分，源自古早時候的遊戲紙牌。一共有四種花色牌組，每個牌組通常包含十張數字牌和四張宮廷牌。

對手牌（NEMESIS）——涅墨西斯是希臘神話中的復仇女神和正義女神。也意指一位很難打敗的對手。這個術語在本書是用來代表你覺得最不像自己的那張宮廷牌（譯注：亦稱「敵對牌」、「相剋牌」）。

數字牌（NUMBER CARDS）——四十張的小阿爾克那牌，四個牌組各有十張牌，從一號到十號依序排列。

侍者（PAGE）——傳統塔羅的宮廷牌位階之一，通常階級最低。

人物牌（PEOPLE CARDS）——宮廷牌的另一個別稱。

點數（PIP）——指紙牌上的花色符號（例如塔羅的寶劍牌或聖杯牌，或是撲克牌中的黑桃或紅心）。塔羅牌的數字牌有時也被稱為「點數牌」（pip cards），英文可直接簡寫成 pips。這個術語通常是用來區別古早套牌和現代套牌中的數字牌，古早的塔羅套牌通常只顯示花色符號和點數，現代套牌則經常描繪不同的場景畫面。

投射（PROJECTION）——心理學術語，代表一個人不想承認自己擁有，但轉而在別人身上看到的那些人格特質。

永恆少年／永恆少女（PUER／PUELLA）——心理學家榮格所使用的拉丁文心理學術語，代表永遠長不大、無法負責任地做出承諾的人格原型。puer 是指情感永遠無法成熟的男性，puella 則是指女性。

卡巴拉（QABALAH）——有時也寫成 Cabala 或 Kabbalah，猶太教的神祕傳統之一，對歐洲的魔法和祕術學派有非常深遠的影響。許多現代塔羅套牌的象徵符號和牌義解釋中，經常可以看到卡巴拉思想的身影。

四元結構（QUATERNITY）——由四樣事物組成的結構群，亦稱四相性、四位一體、四方位體。

王后（QUEEN）——傳統套牌中的宮廷牌位階之一。

問卜者（QUERENT）——字面意思就是「提問者」，指藉由塔羅占卜的過程來尋求建議或意見的那個人。如果你是為自己占卜解牌，那麼你本身就身兼占卜者和問卜者的角色。如果你是幫別人占卜解牌，那麼你就是占卜者，對方就是問卜者。

隨機（RANDOM）——意指不事先做預測而出現的結果。它的假設是：凡不可預測的事件都不具意義，「隨機」這個詞通常帶有這樣的意思，這是一個相對來說較為現代的概念。但是在占卜上，「隨機」是基於一個完全不同的概念——我們無法預測的結果，通常帶有重要訊息。將塔羅牌「隨機相混」，是指將每一張牌重新排列，而不按照原本整副牌的順序。隨機選擇一張牌的意思是，從整副牌當中任何一個地方隨意抽出一張牌（通常要先洗牌、切牌然後發牌，或是將整副牌攤開呈扇形後再進行抽牌）。

逆位牌／逆位（REVERSAL／REVERSED）——逆位牌是指圖案上下顛倒的牌。逆位牌的解讀通常跟正位牌不同。有些占卜師從不使用逆位牌來做占卜，他們比較喜歡讓所有牌都以正位呈現，或是在抽到逆位牌時將牌轉成正位。

位階（RANKS）——宮廷牌的位階等級結構，代表一個人的身分地位狀態。在偉特牌和許多傳統套牌中，宮廷牌的四個位階分別是侍者／page、騎士／knight、王后／queen 以及國王／king。克勞利的托特牌則分為公主／princess、王子／prince、王后／queen 和騎士／knight 這四個位階。

占卜者（READER）——塔羅占卜過程中負責解牌的那個人。如果你是幫自己做占卜，那你就同時是占卜者和問卜者。如果你是幫別人解牌，那麼你就是占卜者，而對方是問卜者。

萊德—偉特塔羅牌／萊德—偉特—史密斯塔羅牌（RIDER-WAITE TAROT／RIDER-WAITE-SMITH TAROT）——參見偉特—史密斯塔羅牌（Waite-Smith Tarot）。

角色（ROLE）——為了執行特定任務或滿足特定期待而表現出的一組行為樣態。比如：銀行出納員、父親、學生、朋友、園丁。相較於「人格面具」和「次人格」來說，我們通常對於自己所承擔的「角色」是帶有自覺意識的。

皇室牌（ROYALTY CARDS）——宮廷牌的別稱。

輝耀（SEPHIRAH，複數：sephiroth）——卡巴拉生命之樹所描繪的十種生命存在狀態，最高是神聖意識界，最低是物質界，透過意識的提升，人類可以從較低的物質界揚升到神聖界。

陰影（SHADOW）——榮格心理學的一個術語，意指我們內在被意識所忽視或壓抑的人格面向。人經常會將自己的陰影投射到另一個人身上。

代表牌／指示牌（SIGNIFICATOR）——塔羅占卜時用來代表問卜者（提問者），或偶爾代表占卜主題的那張牌，通常會用宮廷牌來作為代表牌。

牌陣（SPREAD／LAYOUT）——用來進行塔羅占卜的一種陣位圖形。牌陣當中每一張牌的位置通常具有不同的含義，每一張牌會根據它所在的陣位而有不同的解釋。

一疊／一落（STACK）——通常用來指整副塔羅牌的其中一部分牌，比如「將整副牌切成三疊／三落」。正常情況下是以牌面朝下的方式放置。

次人格／潛隱人格（SUBPERSONALITY）——在特殊情況下，比如壓力、孤獨狀態或是跟某些人在一起，而表現出一套不同的行為或性格。面具（masks）和角色（roles）都是次人格的實際例子。

牌組（SUIT）——小阿爾克牌的四個分組，每一組都包括宮廷牌在內。偉特牌的四個牌組分別是：權杖、聖杯、寶劍以及錢幣。

塔特瓦（TATTWA／TATTVA）——印度譚崔（密續）傳統的專用術語，用來象徵單一元素或多種元素組合的彩色幾何圖形。

四字聖名（TETRAGRAMMATON）——用來代表上帝之名的四個希伯來子音字母（Yod、He、Vau、He-final），也是構成卡巴拉的核心主題之一。

托特牌（THOTH DECK）——由克勞利和佛瑞妲・哈利斯夫人共同創作，完成於1944年。雖然主要遵循黃金黎明系統的論述，但其中仍有明顯差異，比如托特牌的國王／king位階叫作騎士／knight。

傳統（或標準）（TRADITIONAL [OR STANDARD]）——無論在牌面圖案設計或是牌義解釋上，都不存在所謂的「單一塔羅傳統」，因此，當我們談到所謂的「傳統」套牌，或是「傳統」對應系統，通常無法有一個明確的定義，頂多就是用相對比較的方式來區分，哪些「較為古老」或「歷史較為悠久」，哪些「較為現代創新」。如果我們以近十年出版的塔羅牌作為判斷脈絡，1909年出版的偉特史密斯牌或許有資格稱為「傳統套牌」，但如果判斷的背景脈絡不同（比如以數字牌的圖案設計來說），跟1600年代就已出現的馬賽塔羅牌比起來，偉特史密斯牌可能就沒辦法稱為「傳統套牌」。再者，若要將某套塔羅牌或牌義解釋稱為「標準」，那就更不可能了。因為從來沒有一套塔羅牌可以稱為全世界普遍認可的標準塔羅牌，從第一套塔羅牌誕生以來，塔羅傳統的多樣性就一直是它非常重要的一個特點。

生命之樹（TREE OF LIFE）——在卡巴拉系統中，生命之樹是由十輝耀及其相連路徑排列而成的圖形，是神創造萬物的一張神祕地圖。

將牌／勝利牌（TRUMPS／TRIUMPHS）——Trumps 這個字是義大利文 trionfi 或 triumphs 的變體，最早是用來指稱塔羅牌中幾張特殊隱喻牌（有時在廣義上也可以代表整副牌，意思等同我們今天所說的「塔羅／Tarot」）。這個詞的來源可能跟義大利詩人佩脫拉克（Petrarch）的詩集《凱旋》（Trionfi）有關，暗示著它們在紙牌遊戲中的角色是永遠不敗的王牌花色。近代則是使用「大阿爾克那」一詞來指稱這幾張塔羅將牌，雖然歷史上所謂的「將牌」通常不包括愚人牌在內。

無意識／潛意識（UNCONSCIOUS）——無法直接被我們意識到的思想或人格部分。

正位牌（UPRIGHT）——逆位牌的反義詞。除非另有說明，否則本書所出現的牌義解釋基本上都是以正位牌來說的。

男僕／隨從（VALET）——塔羅中的一個法文術語，是指位階最低的宮廷牌，以偉特牌來說就是「侍者」（附帶說明：男僕／valet 通常是指私人隨從，而侍者／page 則是指幫忙帶信或跑腿執行任務的人。法文的 valet 這個詞比較接近英文的「鄉紳」之意）。

偉特－史密斯塔羅牌（WAITE-SMITH TAROT）——由黃金黎明協會成員亞瑟．愛德華．偉特（A. E. Waite）與潘蜜拉．柯爾曼．史密斯夫人（Pamela Colman Smith）共同設計創作的塔羅套牌，在塔羅界深具影響力。1909年以「萊德塔羅牌」（The Rider Tarot Pack）為名首度出版（萊德／Rider 是出版商的名字）。一般稱為「萊德偉特牌」或「萊德偉特史密斯牌」（簡稱RWS）。

世界／卡巴拉的四個世界（WORLDS／QABALISTIC WORLDS）——生命之樹圖形所描繪的四個界域或存在界面：物質界（Assiah，亦稱「行動界」）、形塑界（Yetzirah）、創造界（Briah）和原型界（Atziluth，亦稱「神聖界」），黃金黎明學派將這四個世界與塔羅的四個牌組和宮廷牌的四個位階等級做了對應。

Translated from
Understanding the Tarot Court

Published by Llewellyn Publications
Woodbury, MN 55125 USA
www.llewellyn.com

跟著大師學塔羅宮廷牌

出　　版／楓樹林出版事業有限公司
地　　址／新北市板橋區信義路163巷3號10樓
郵政劃撥／19907596　楓書坊文化出版社
網　　址／www.maplebook.com.tw
電　　話／02-2957-6096
傳　　真／02-2957-6435
作　　者／瑪莉・K・格瑞爾
　　　　　湯姆・利得
譯　　者／黃春華
企劃編輯／陳依萱
校　　對／黃薇霓
港澳經銷／泛華發行代理有限公司
定　　價／520元
初版日期／2022年11月

國家圖書館出版品預行編目資料

跟著大師學塔羅宮廷牌 / 瑪莉・K・格瑞爾作；黃春華譯. -- 初版. -- 新北市：楓樹林出版事業有限公司, 2022.11　面；　公分

ISBN 978-626-7108-93-2（平裝）

1. 占卜

292.96　　111014491